Diccionario de argot español

Biblioteca temática

José María Iglesias

Diccionario de argot español

El libro de bolsillo
Biblioteca de consulta
Alianza Editorial

Primera edición: 2003
Segunda reimpresión: 2007

Diseño de cubierta: Alianza Editorial
Cubierta: Ángel Uriarte

Calle Juan Ignacio Luca de Tena, 15; 28027 Madrid; teléfono 91 393 88 88
www.alianzaeditorial.es
ISBN: 978-84-206-5531-4
Depósito legal: M. 52.005-2006
Compuesto e impreso en Fernández Ciudad, S. L.
Coto de Doñana, 10. 28320 Pinto (Madrid)
Printed in Spain

Introducción

El argot o jerga tiene su origen en la necesidad del hablante de diferenciarse de las personas que no pertenecen a su grupo social, laboral o cultural y que, por tanto, no comparten con él una serie de valores morales o de intereses profesionales.

En ocasiones, el argot es empleado para dificultar su comprensión a quienes no forman parte de ese grupo, como sucede por ejemplo con las jergas marginales o con las propias de la delincuencia.

Por lo tanto, su finalidad puede ser doble: por un lado, dotar al idioma de unos rasgos diferenciadores que marquen las señas de identidad de un colectivo social y, a la vez, en determinadas situaciones, impedir la comprensión de este lenguaje por parte de las personas ajenas a su entorno. En el argot de los delincuentes se ven fundidos estos dos aspectos. Este carácter críptico del lenguaje hizo que se desarrollasen durante los siglos XVI y XVII las llamadas «germanías» o jergas asociadas directamente al mundo del hampa, de pícaros y delincuentes, que el ambiente sociopolítico de entonces había generado y de las que algunos de nuestros escritores clásicos, como Quevedo o Cervantes, supieron nutrirse para crear sus obras.

Los términos «argot» y «jerga» son utilizados actualmente como sinónimos, pero debido al matiz peyorativo que ha adquirido esta última y a su menor difusión es preferible usar la palabra «argot». Ambos términos se refieren tanto al lenguaje particular de determinados grupos profesionales (médicos, toreros o artesanos) como al de ambientes marginales o delictivos (referentes al ámbito de la droga, de la prostitución, de la cárcel o de la delincuencia) o al de determinados grupos sociales (jóvenes, «okupas», homosexuales o estudiantes).

La homogeneización social, en gran parte debida al impacto de los medios de comunicación, ha hecho que se produzca una transferencia de parte de este léxico propio de las jergas marginales hacia un argot común, ahora utilizado como un registro coloquial más, para conseguir una mayor expresividad en sus mensajes. El uso de este argot común afecta cada vez más a todas las clases, edades y profesiones. Así, en estos días, es posible encontrar titulares de periódicos con expresiones como «la cultura del botellón» o «la ruta del bakalao». El argot, entendido así, es un producto vivo que intenta forzar las posibilidades de nuestro idioma generando una comunicación más cercana y emotiva. En numerosas ocasiones, esta expresividad del lenguaje y el ingenio del hablante desembocan en el uso de palabras o expresiones ofensivas, como insultos o frases obscenas, que ni intentan ser crípticas ni tampoco propias de un grupo determinado, sino ofender o provocar al oyente.

La utilización de un lenguaje particular común lleva a marcar aún más la cohesión del grupo y enriquece las posibilidades de expresión, bien como reacción a un lenguaje impuesto, como es el caso de algunas tribus urbanas (punkies, grunges, cibers...), o bien apelando al compañerismo existente entre los miembros de esa colectividad, como pueden ser el argot utilizado por la juventud o entre los estudiantes. Sea cual fuere, el argot siempre es el resultado de la inmediatez de la situación comunicativa, que lleva a una persona a seleccionar entre diferentes registros lingüísticos el más apropiado para ese momento y para un interlocutor o interlocutores concretos. Así, un estudiante dirá a otro que ha estado «chapando todo el día» para luego «catear las mates», mensaje poco probable si los interlocutores son los propios padres refiriéndose al hijo.

La utilización de estos términos argóticos ha sido tradicionalmente considerada de mal gusto o propia de registros vulgares. De ahí su exclusión de los diccionarios por resultar malsonantes, ofensivos o demasiado oscuros y especializados para un uso general del idioma; es aquí precisamente donde se puede percibir la gran disparidad entre lengua oral y lengua escrita, asimilada erróneamente esta última a una presunta oficialidad del idioma. En ese sentido, hemos tenido que esperar a las dos últimas ediciones del diccionario de la RAE para observar una mayor preocupación de los académicos por registrar, con cierta timidez, parte de este léxico.

Esta visión del argot como lenguaje «maldito» o políticamente incorrecto ha pasado a convertirse en una alternativa expresiva en la gran mayoría de los hablantes. Su carácter eminentemente oral tiene consecuencias directas en la fluctuación fonética (por ejemplo, para el término «casa» se emplean indistintamente «quel», «queli», «quelo») y en las todavía escasas obras que lo reflejan, a pesar del considerable aumento de una narrativa siguidora de la tendencia estética del «realismo sucio», que intenta exponer el lenguaje desde su vertiente más coloquial, vulgar o marginal.

Abierto a las innovaciones y a la mezcolanza de los diferentes códigos lingüísticos, el argot emplea todos los recursos existentes en nuestra lengua para la creación de nuevas palabras. Su carácter le permite ser más informal, metafórico y efímero que el lenguaje ordinario, dotándolo de personalidad propia; además, y al pertenecer al registro oral lo hace más dependiente del contexto comunicativo, lo que provoca en numerosas palabras una variedad de acepciones que deben ser recogidas en un diccionario como el presente. Si algo caracteriza a este tipo de lenguaje es su enorme mutabilidad. Hay palabras que nacen, otras que ya han desaparecido y otras que cambian de significación, lo que supone precisamente una renovación periódica de los distintos corpus donde se recoge este tipo de léxico.

El argot afecta sobre todo al plano léxico del lenguaje, dejando prácticamente inalterados los niveles morfológico y sintáctico. En otras palabras, atañe al vocabulario, que es lo que se muestra en este diccionario.

Entre los procedimientos más comunes para su creación están los siguientes:

- El uso de la aféresis o acortamiento de una palabra («manifa» por «manifestación»).
- La derivación, en especial el uso de ciertos sufijos como -eras («lumbreras»), -eta («porreta»), -ón («molón»), -aco («pajarraco»), -ear («papear»).
- La utilización de recursos expresivos, como comparaciones («enrollarse como las persianas»), hipérboles («tener más cara que espalda»), la paranomasia o similitud fonética entre palabras («emilio»/»e-mail») o las analogías («azotea» por «cabeza»).
- Los préstamos de otras lenguas, en especial del inglés, tanto de términos estándar («fílin», «fast food», «e-mail»), como del *slang* (argot inglés), en especial el argot de la droga («díler», «camello», «caballo»).
- La dotación de nuevos significados a palabras ya existentes («prenda» por individuo).
- El humor y la ironía son una constante en gran parte de las palabras argóticas y reflejo del ingenio del hablante.

Para la creación de este diccionario se ha empleado un método selectivo, optando por el arraigo de ciertas palabras o expresiones ante el maremágnum existente. Se pretende que sea una obra práctica y de fácil manejo, que recoja voces y expresiones que gozan de gran vitalidad, pero que en muchas ocasiones no aparecen recogidas en los diccionarios convencionales.

La relación de fuentes consultadas para su elaboración abarca desde las más informales –usos orales en la calle (principalmente, grandes áreas metropolitanas como Madrid, Barcelona, Valencia, Sevilla y Bilbao), música, programas televisivos y radiofónicos– hasta las más elaboradas: obras de consulta bibliográfica especializada, reportajes y crónicas periodísticas actuales, obras literarias, cómics y, sobre todo, el enorme caudal informativo disponible en internet.

El número de entradas recogidas es de unas 4.000. La mayor parte del léxico seleccionado pertenece a un argot común, propio de los grandes núcleos de población; de lo contrario, se indicará el colectivo al que pertenece antes de su definición. Ésta se ha realizado a través de sinónimos o mediante perífrasis cuando no existe una equivalencia cercana. He procurado que sean lo más escuetas y claras posible para garantizar su comprensión.

La disposición a modo de diccionario bilingüe (argot-lenguaje estándar, lenguaje estándar-argot), con el fin de facilitar su consulta, al igual que la inclusión de ciertos anglicismos tan presentes en determinados contextos refuerzan su carácter práctico.

JOSÉ MARÍA IGLESIAS

Bibliografía

ALONSO, A. y GÓMEZ, J., *El chuchi, los colegas y la banda*, Madrid, Editorial CCS, 1994.

BESSES, L., *Diccionario de argot español*, Barcelona, Sucesores de Manuel Soler, S.A., 1905.

CALLES VALES, J. y BERMEJO MELÉNDEZ, B., *Jergas, argot y modismos*, Madrid, Editorial LIBSA, 2001.

CARBONELL BASSET, D., *Gran diccionario de argot. El sohez*, Barcelona, Editorial Larousse, S.A., 2000.

CASAS GÓMEZ, M., *Formaciones jergales en el lenguaje de la prostitución*, Valencia, Universidad de Valencia, Lynx, vol. 12, 1997.

CELA, C. J., *Diccionario secreto,* Madrid-Barcelona, Alianza Editorial, 1972. Vols. I, II (1.ª parte) y II (2.ª parte).

CELDRÁN, P., *Inventario general de insultos,* Madrid, Ediciones del Prado, 1995.

CLAVERÍA, C., Estudios sobre los gitanismos del español, Madrid, CSIC, 1951.

–, «El argot» en *Enciclopedia lingüística hispánica*, II, Madrid, CSIC, 1967, pp. 349-363.

CORPAS, G., *Manual de fraseología española*, Madrid, Gredos, 1996.

CRIADO DE VAL, M., *Diccionario de español equívoco*, Madrid, Edic./SGEL, 1981.

DIETER KÜHNER, H., *El argot internet de la A a la Z (guía rápida)*, Madrid, Editorial Círculo informático, S.L., 2000.

DIOS LUQUE, J. DE, PAMIES, A. y MANJÓN, F. J., *El arte del insulto. Estudio lexicográfico*, Barcelona, Ediciones Península, 1997.

DOVAL, G., *Florilegio de frases envenenadas. Una antología de la maledicencia*, Madrid, Ediciones del Prado, 1996.
GALO, I., *Diccionario de Internet*, Madrid, Acento Editorial, 2001.
GARCÍA RAMOS, J., *Lenguas marginales. Análisis y vocabulario*, Madrid, Dirección General de la Policía, 1990.
GIMÉNEZ, M., *Antología del timo*, Madrid, Ediciones Temas de Hoy, 1993.
GIL FERNÁNDEZ, J., *La creación léxica en la prensa marginal*, Madrid, Editorial Coloquio, 1986.
GUERRERO LÓPEZ, M., «Jerga y simbolismo del hampa», *Revista de la Escuela de Estudios Penitenciarios*, 3, n.º 22, 1947, pp. 86-91.
LEÓN, V., *Diccionario de argot español y lenguaje popular*, Madrid, Alianza Editorial, 1992 (2.ª ed.).
LORENZO, E., *El español de hoy, lengua en ebullición*, Madrid, Gredos, 1966.
MARTÍN, J., *Diccionario de expresiones malsonantes del español*, Madrid, Editorial Istmo, 1979 (2.ª ed.).
OLIVER, J. M., *Diccionario de argot*, Madrid, Editorial Sena, 1991.
OM, A., *El nom del porc. Els 533 millors insults y disbarats de 20 anys de democràcia*, Barcelona, Edicions La Campana, 1997.
RAE, *Diccionario de la lengua española*, Madrid, Editorial Espasa Calpe, 2001 (22.ª ed.).
RAMONCÍN (MARTÍNEZ MÁRQUEZ, J. R.), *El nuevo tocho cheli. Diccionario de jergas*, Madrid, Ediciones Temas de Hoy, S.A., 1996.
RODRÍGUEZ GONZÁLEZ, F., *Comunicación y lenguaje juvenil*, Madrid, Editorial Fundamentos, 1989.
ROPERO NÚÑEZ, M., *El léxico caló en el lenguaje del cante flamenco*, Sevilla, Universidad de Sevilla, 1978.
RUIZ, C., *Diccionario ejemplificado de argot. Diccionarios Universidad de Salamanca*, Barcelona, Editorial Península, 2001.
SALINILLAS, R., *El delincuente español. El lenguaje*, Madrid, Librería Victoriano Sánchez, 1896.
SALVADOR, T., *Diccionario de la Real Calle Española*, tomo I, Barcelona, Ediciones 29, 1969.
SANMARTÍN, J., «Lenguaje y cultura marginal: el argot de la delincuencia» Valencia, *Cuadernos de Filología XXV*, 1998.
–, *Diccionario de argot*, Madrid, Editorial Espasa Calpe, 1999.
SERNA, F., *Otro lenguaje*, Vitoria, Gale Naneres, 1995.
UMBRAL, F., *El cheli*, Barcelona, Editorial Grijalbo, 1983.
VARELA, F. y KUBARTH, H., *Diccionario fraseológico del español moderno*, Madrid, Editorial Gredos, 1996.

VILLARÍN, J., *Diccionario de argot*, Madrid, Ediciones Nova, 1979.
VINYOLES I VIDAL, J. J., *Vocabulari de l'argot de la delinqüència*, Barcelona, Millà, 1978.
YALE Y SORDO, J., *Diccionario del pasota*, Barcelona, Editorial Planeta, 1979.
ZAMORA, D., *Diccionario caca-chondo del tercer milenio*, Madrid, NVER, 2000.

Abreviaturas

adj.	adjetivo.
adv.	adverbio.
com.	sustantivo común.
dro.	argot de la droga.
est.	argot de los estudiantes.
interj.	interjección
f.	sustantivo femenino.
interj.	interjección.
intr.	verbo intransitivo.
loc.	locución.
m.	sustantivo masculino.
marg.	argot de la marginalidad.
pl.	plural.
p.p.	participio pasivo.
prnl.	verbo pronominal.
pron.	pronombre.
prost.	argot de la prostitución.
s.	sustantivo masculino y femenino.
sing.	singular.
tr.	verbo transitivo.
ú.t.c.s.	úsase también como sustantivo

Argot-lenguaje estándar

A

abanicar. tr. airear el lugar donde se ha fumado droga para impedir que alguien lo detecte.
abierto, ta. adj. persona extrovertida y sociable.
abillar. intr. llegar, venir.
aborregarse. prnl. cumplir fielmente las ideas propuestas por otras personas.
aborto. m. persona de gran fealdad.
abrazado, da. adj. (marg.) *ir o llevar abrazado* loc. ir preso, detenido.
abrazafarolas. com. persona interesada, aduladora y oportunista.
abrazar. tr. detener, apresar.
abrigo. *de abrigo* loc. grande // importante // peligroso.
abrirse. prnl. irse, marcharse, salir con prisas.
abucharado, da. adj. vagabundo // persona que carece de recursos.
abucharar. tr. abandonar // avergonzar, intimidar // prnl. acobardarse.
abuelo, la. m. persona pasiva // m. y f. anciano, viejo // (mil.) soldado al que le falta por cumplir aún la mitad del servicio militar. // en lotería, el número 90 // *éramos pocos y parió la abuela* loc expresión que indica que a un mal ya existente se añade otro // *no tener o necesitar abuela* loc. alabarse uno mismo en exceso.
abulto. com. tonto, bruto, necio.
Abundio. *más tonto que Abundio* loc. persona necia, tonta.
acaba(d)o, (d)a. m. y f. persona abúlica, sin futuro, desganada.
acabar. *acabar con alguien* loc. asesinar // ¡acabáramos! excl. ¡ya!, ¡ahora lo entiendo!
acabose. *ser algo el acabose* loc. ser el colmo de algo.

acáis. m. pl. (marg.) ojos.
aceite. m. (drogas) hachís oleaginoso de buena calidad // *perder aceite* loc. ser homosexual.
aceitunas. f. pl. testículos // *cambiar el agua a las aceitunas* loc. orinar.
aceituno. m. (marg.) guardia civil.
acelerarse. prnl. estar nervioso // actuar de manera irreflexiva.
acera. *ser de la acera de enfrente o de la otra acera* loc. ser homosexual.
achantar. intr. callar. // prnl. callarse // acobardarse // *achantar la muy* loc. cerrar la boca.
achares. m.pl. celos.
achicharrar. tr. disparar repetidamente sobre una persona, matar // prnl. quemarse por acción del sol.
achuchar. tr. apretar, abrazar // agobiar, atosigar.
achuchón. m. abrazo fuerte y efusivo.
ácido. m. LSD.
aciguatar. tr. (marg.) detener, coger.
aclararse. prnl. salir de dudas, enterarse.
acojonado, da. adj. acobardado // *estar acojonado* loc. estar asustado.
acojonador, ra. adj. que atemoriza.
acojonamiento. m. temor, miedo.
acojonante. adj. asombroso // que atemoriza.
acojonarse. prnl. atemorizarse, asustarse.
acojone. m. miedo, pavor.
acojono. m. miedo, pavor.
acoplarse. prnl. copular.
acoqui. adv. (marg.) aquí.
acoquinar. tr. asustar.
acordarse. *acordarse de alguien* loc. maldecir, ofender, insultar a alguien // *acordarse de uno* loc. expresión que indica amenaza.
acostarse. *acostarse con alguien* prnl. copular, mantener relaciones sexuales con alguien.
acto. m. relación sexual // cópula.
adán. m. *estar hecho un adán* loc. hombre descuidado en su aseo personal.
adefesio. m. persona o cosa fea.
adobe. m. torpe, tonto.
adoquín. m. necio, tonto, torpe.
aduana. f. (marg.) local donde se compra y vende objetos robados.
afanar. tr. robar, hurtar.
afeitar. tr. pasar un objeto rozando, en especial por la cara.
afgano. m. (dro.) hachís de buena calidad procedente de Afganistán.
aflojar. tr. *aflojar la pasta, la bolsa...* pagar.
aforar. tr. pagar
afro. adj. peinado con el pelo muy rizado y voluminoso.
after hour. m. discoteca que abre a altas horas de la madrugada hasta pasado el mediodía.

afufar. intr. huir.
agarrada. f. *tener una agarrada* loc. tener una discusión.
agarraderas. *tener buenas agarraderas* loc. tener la mujer caderas y senos de gran tamaño // tener aguante.
agarrado, da. adj. tacaño.
agarrar. *agarrarla* loc. emborracharse.
agenciar. tr. robar, quitar // prnl. conseguir // *agenciárselas* loc. arreglárselas.
agilipollado, da. adj. atontado, necio.
agilipollarse. prnl. atontarse, aturdirse.
agonías. adj. y s. pesimista.
agua. interj. (marg.) grito de aviso de un peligro por parte de delincuentes // *cambiar el agua a las aceitunas, al canario, al jilguero, a los garbanzos...* loc. orinar el hombre // *dar el agua* loc. avisar de algún peligro // *mear agua bendita* loc. ser una persona muy beata.
aguador. m. (marg.) persona que avisa de un peligro, especialmente de la llegada de la policía.
águila. f. persona hábil, perspicaz, astuta.
aguja. *tumbar la aguja* loc (juv.) conducir a toda velocidad.
agujero. m. vagina // ano // desaparición de dinero o déficit oculto en una empresa // lugar desagradable.
ahorcarse. prnl. casarse.
ahuecar. intr. marcharse // *ahuecar el ala* loc. marcharse.
aire. interj. expresión despectiva utilizada para que alguien abandone rápidamente un lugar // m. ventosidad // *al aire* loc. desnudo // *darse aires* loc. presumir // *ir alguien a su aire* loc. ir a su ritmo, hacer algo a su manera // *irse a tomar el aire* loc. dar un paseo.
ajo. m. dosis de LSD // *ajo y agua* loc. apócope de «a joderse y aguantarse» // *estar en el ajo* loc. estar informado, ser partícipe de algo.
ala. *ahuecar el ala* loc. irse // *cortar las alas* loc. desanimar a alguien // *dar alas* loc. estimular o permitir a alguien a hacer algo // *... del ala* loc. pesetas // *estar tocado del ala* loc. estar loco.
albondiguillas. *hacer albondiguillas* loc. hacer pelotillas con las mucosidades.
alcachofa. f. micrófono.
alcornoque. m. estúpido.
aldabas. f. pl. pechos femeninos.
alegre. adj. borracho.
alelado, da. adj. atontado.
alemanita. f. masturbación.
alerón. m. sobaco.
alfalfa. f. (dro.) marihuana de mala calidad.
alfiler. *no caber (ni) un alfiler* loc. estar lleno de gente // *tener algo con alfileres* loc. tener un conocimiento muy superficial de algo.
alicatado. *estar alicatado* loc. estar lleno de gente o tráfico // *ir alicatado* loc. ir bien vestido.

aligerar. prnl. marcharse // tr. hurtar, robar.
aliviar. tr. hurtar, robar.
alma. *ni un alma* loc. nadie.
almeja. f. genitales femeninos.
aloba(d)o, (d)a. adj. atontado.
alondra. m. albañil.
alpargata. *darle a la alpargata, a golpe de alpargata* loc. caminar.
alpiste. m. bebida alcohólica.
alternar. intr. ir de bares // intr. prostituirse.
alterne. m. prostitución.
alto. *estar alto* loc. estar bajo los efectos de la droga.
alucinado, da. p.p. asombrado, pasmado.
alucinante. adj. asombroso, maravilloso.
alucinar. intr. asombrar, sorprender // intr. estar bajo los efectos de una droga // intr. delirar, desvariar // *alucinar en colores* loc. asombrarse.
alucine. adj. asombroso, sorprendente // m. asombro // sensación de bienestar bajo el efecto de una droga // *de alucine* loc. asombroso.
alunizaje. m (marg.) rotura del escaparate de un establecimiento comercial para robar.
ama. f. (prost.) prostituta que realiza el papel dominante en una relación sadomasoquista.
amanerado. adj. ú.t.c.s. afeminado.
amanillar. tr. esposar, detener.
amapola. f. vagina.
amarcionado. p.p. afeminado.
amaricarse. prnl. afeminarse.
amariconarse. prnl. afeminarse.
amarillo. adj. oriental, chino // (dro.) descenso de la euforia provocada por las drogas.
amariposado. adj. afeminado.
ambiente. m. lugares frecuentados por homosexuales.
amigo, ga. m. y f. novio, pareja // amante.
amiguete. m. amigo // persona con influencias.
amocarse. prnl. estar continuamente al lado de alguien.
amolar. prnl. fastidiar.
amorcillado, da. adj. obeso, gordo.
amuermado, da. adj. aburrido.
amuermarse. prnl. aburrirse.
analfabestia. adj. ú.t.c.s. persona ruda, tosca y de escaso intelecto.
anarco, ca. adj. ú.t.c.s. anarquista.
ancha. f. (marg.) calle, ciudad.
anchoas. f. pl. gafas de sol.
¡anda! interj. expresión que manifiesta rechazo o desprecio: *¡anda y que te den morcilla!, ¡anda y que te den por culo!, ¡anda y que te den por saco!, ¡anda y que te folle un pez!, ¡anda y que te zurzan!...* // exclamación de asombro, incredulidad: *¡anda ya!, ¡anda, la hostia!, ¡anda la leche!, ¡anda, la puta!...*
andoba. m. individuo, tipo.
anfeta. f. anfetamina.

ángel. *polvo de ángel* loc. (dro.) sustancia alucinógena // *tener ángel* loc. tener encanto, gracia.
angelito. m. irónicamente, persona con malas intenciones // persona muy inocente.
anginas. f. pl. pechos.
anillo. m. (marg.) ano // *caérsele a alguien los anillos* loc. humillarse, avergonzarse.
animal. m. persona tosca y poco inteligente.
antena. f. oreja // *estar con la antena puesta, poner la antena* loc. escuchar con disimulo las conversaciones ajenas.
antro. m. local pequeño y oscuro.
anzuelo. *tragarse, morder o picar el anzuelo* loc. ser engañado.
año. *estar de buen año* loc. tener buen aspecto // *ser del año de la polca, del catapún, de la pera, de la nana, de Mari Castaña* loc. ser muy antiguo.
apalancado, da. p.p. *estar apalancado* loc. estar acomodado en un lugar sin querer moverse.
apalancar. prnl. permanecer en un sitio sin intención de moverse // tr. (marg.) esconder.
apalanque. m. cansancio, pereza, reposo.
apañado, da. adj. mañoso, habilidoso // *estar apañado* loc. estar en una situación difícil.
apañarse. prnl. arreglarse, conformarse, solucionarse.
apaño. m. arreglo // m. amante.
aparato. m. pene // m. teléfono.
aparcar. tr. abandonar momentáneamente un asunto.
apearse. prnl. retirar el pene después de la cópula.
apimplarse. prnl. emborracharse.
apio. m. homosexual.
apiolar. tr. (marg.) matar.
aplatanarse. prnl. permanecer en un lugar inactivo sin ganas de hacer nada.
aplaudir. *aplaudir la cara* loc. abofetear.
apoquinar. tr. pagar.
aprovecharse. prnl. tocar con fines sexuales valiéndose de la ocasión propicia.
arajai. m (marg.) cura, sacerdote.
araña. *ser un araña* loc. ser un aprovechado.
arañar. tr. obtener beneficio de un asunto.
arate. m. (marg.) sangre.
arguila. f. (dro.) pipa para fumar kifi.
arma. f. pene // *pasar por las armas* loc. copular // *ser de armas tomar* loc. tener mal carácter.
armar. prnl. tener una erección // tr. *armarla,* organizarse un alboroto // *armarse la de Dios es Cristo, armarse la Marimorena* loc. formarse alboroto por algún motivo // *armarse una bronca, una buena o un cacao* loc. organizarse una pelea.
armario. *salir del armario* loc. asumir uno públicamente su homosexualidad.

aro. *pasar por el aro* loc. aceptar algo que está en contra de su propia voluntad.
arranque. m. decisión, ocurrencia.
arrastra(d)o, (d)a. adj. ú.t.c.s. persona servil, ruin.
arrastre. *estar para el arrastre* loc. estar decaído física o moralmente.
arrear. intr. golpear // darse prisa.
arreglo. m. amante.
arrejuntarse. prnl. convivir sin estar casados.
arriba. *estar o ir arriba* loc. estar en la cárcel o ir a ella // *estar hasta arriba* loc. estar harto // *ponerse hasta arriba* loc. consumir demasiada droga o alcohol.
arrimarse. prnl. convivir sin estar casados.
arrugarse. prnl. acobardarse // prnl. perder el pene la erección.
artillería. f. genitales masculinos // (fútbol) jugadores delanteros de un equipo.
asaltacunas. com. persona que tiene relaciones amorosas con otras mucho más jóvenes.
asar. tr. matar a disparos // prnl. tener mucho calor.
asco. *hacer ascos* loc. rechazar algo // *morirse de asco* loc. aburrirse.
asfixiarse. prnl. preocuparse en exceso por sus problemas, en especial los económicos.
astilla. m. soborno, parte correspondiente de un robo.
asunto. m. genitales // coito // menstruación // amorío.
atacado, da. adj. nervioso.
atasabar. tr. (marg.) asesinar.
aterrizar. intr. volver en sí, empezar a enterarse de algo // intr. llegar.
atoligar. tr. (marg.) detener // esconder.
atributos. m. pl. genitales masculinos.
atufar. intr. oler mal.
aúpa. *de aúpa* loc. importante.
aut. (del inglés *out*) *estar aut* loc. no enterarse de nada, no estar al tanto de algo.
auting. (del inglés *outing*) identificar públicamente a una persona como homosexual sin su consentimiento.
avinagrado, da. adj. amargado, malhumorado.
avío. m. amante.
avión. *hacer el avión* loc. irse sin pagar de un local // estafar // perjudicar a alguien.
azotea. f. cabeza.
azulgrana. adj. (fútbol) relativo al Fútbol Club Barcelona.

B

baba. *caérsele la baba a alguien* loc. entusiasmarse, estar orgulloso de algo // *cambiar babas* loc. besarse // *mala baba* loc. mala intención.
babia. *estar en babia* loc. estar distraído.
baboso, sa. adj. indeseable // lujurioso.
bacalada. f. soborno.
bacalao. m. vagina // música electrónica de ritmos muy marcados // *comer el bacalao* loc. hacer el cunnilinguo // *cortar el bacalao* loc. mandar.
bacilar. *Véase* vacilar.
bacilón. *Véase* vacilón.
badajo. m. pene.
badana. *zurrar la badana* a alguien loc. golpear.
bailar. tr. (marg.) robar // tr. invertir cifras por error.
bailongo, ga. adj. y s. persona a la que le gusta y es aficionado a bailar.
bajada. f. disminución del efecto de la droga // sexo oral // *bajada de pantalones* loc. sometimiento a las órdenes de otra persona.
bajarse. prnl. descargar al ordenador cualquier contenido de internet // *bajarse al pilón* loc. realizar el sexo oral .
bajines. *Véase* bajini.
bajini. *por lo bajini* loc. en voz baja.
bajos. m. pl. genitales masculinos.
bajón. m. decaimiento, depresión // (dro.) descenso de la euforia provocada por las drogas // *estar de bajón* loc. tener bajo el estado de ánimo.
bakalao. m. música electrónica de ritmos muy marcados.
bala. *como una bala* loc. muy rápido // *ser un bala perdida* loc. persona alocada e irresponsable.
baldao. adj. destrozado físicamente por algún esfuerzo.

baldeo. m. (marg.) arma blanca, cuchillo.
balón. m. pecho.
ballena. f. persona obesa, gorda.
bamba. f. zapatilla.
banda. *cerrarse en banda* loc. negarse a algo // *coger por banda* loc. ajustar cuentas con alguien.
bandarra. adj. y s. persona indeseable, vividora.
bandera. *de bandera* loc. estupendo, atractivo // *hasta la bandera* loc. lleno de gente.
bando. *ser del otro bando o ser del bando contrario* loc. ser homosexual.
banquete. *darse el banquete* loc. tocarse con fines sexuales.
banquillo. *chupar banquillo* loc. (dep.) permanecer un jugador sentado en el banquillo durante todo el tiempo que dura el partido.
bañera. f. (marg.) tortura basada en meter la cabeza de alguien en un recipiente con agua hasta casi producirle la asfixia.
baño. *dar un baño* loc. vencer a un rival.
baraja. *jugar con dos barajas* loc. engañar, actuar con falsedad // *romper la baraja* loc. no aceptar unas determinadas normas.
baranda. m. (marg.) director de una prisión // jefe // comisario de policía // persona alocada o juerguista.
barba. *hacer la barba* loc. (marg.) detener // *por barba* loc. por persona.
bárbaro, ra. adj. enorme // excelente, magnífico.
barbi. adj. estupendo // simpático // (del inglés *Barbie*) muchacha joven y atractiva.
bardaje. m. homosexual.
bardeo. m. cuchillo, navaja.
bareto. m. bar.
barman. m. camarero.
barra. f. (dro.) trozo pequeño de hachís prensado de forma alargada // f. (marg.) tortura consistente en suspender a alguien de una barra a la que está esposado por las muñecas y los tobillos // *barra americana* loc. bar de alterne.
barriga. f. embarazo // *echar barriga* loc. engordar // *hacer una barriga* loc. dejar embarazada // *tocarse o rascarse la barriga* loc. vaguear.
barrila. f. alboroto, bronca // *dar la barrila* loc. molestar.
barrio. *barrio chino* loc. zona de prostitución y delincuencia // *barrio de los calvos* loc. cementerio // *irse al otro barrio* loc. morirse // *el otro barrio* loc. la muerte // *mandar al otro barrio* loc. asesinar.
barrote. *estar entre barrotes* loc. estar encarcelado, detenido.
bartola. *tumbarse, echarse o tirarse a la bartola* loc. estar ocioso, no hacer nada.
bártulos. *liar los bártulos* loc. morir.
barullo. m. confusión // *a barullo* adv. mucho, gran cantidad.

basca. f. gente // grupo de amigos.
base. f. preparación de cocaína para fumar.
basilisco. *ponerse hecho un basilisco* loc. estar muy enfadado.
bastes. m. pl. dedos.
batallitas. *contar batallitas* loc. narrar sucesos pasados causando aburrimiento en los oyentes.
bato, ta. m. y f. (marg.) padre, madre.
batuta. f. (marg.) palanca para forzar puertas // *llevar la batuta* loc. mandar.
bautista. m. mayordomo, chófer.
bebercio. m. bebida.
befla. f. cara // *por la befla* loc. por la cara.
beibi. (del inglés *baby*) m. y f. novio / persona joven.
belfo. *aplaudir el belfo* loc. abofetear.
bellota. f. (marg.) bala.
bemoles. m. pl. testículos // *tener bemoles* loc. ser valiente.
beneficiarse. prnl. mantener relaciones sexuales.
beo. m. (marg.) genitales femeninos.
berenjena. f. pene.
berenjenal. m. lío, alboroto.
berrear. tr. (marg.) delatar // confesar un delito.
berza. f. menstruación // *estar con la berza* loc. estar atontado.
berzas. m. necio, estúpido.
beso. *beso blanco* loc. (prost.) beso en la boca sin introducir la lengua // *beso francés* loc. (prost.) beso en la boca introduciendo la lengua // *beso negro* loc. (prost.) beso en el ano.
bestia. f. persona despreciable, indeseable // *a lo bestia* loc. brutalmente, en exceso.
bestial. adj. extraordinario.
besugo, ga. m. y f. necio, estúpido.
betún. *dar betún* loc. adular // *quedar a la altura del betún* loc. quedar en situación desventajosa.
bi. adj. bisexual.
biberón. m. felación.
Biblia. f. (dro.) papel de fumar // *la Biblia en verso* loc. único, excesivo, excepcional.
bicho. m. persona con malas intenciones // m. pene // m. (dro.) dosis de LSD.
biela. f. pierna.
bigote. *de bigote(s)* loc. excepcional, bueno // *estar hasta el bigote* loc. estar harto // *mover el bigote* loc. comer // *tener bigotes* loc. ser valiente, constante.
bilis. *tragar bilis* loc. aguantar la rabia o cualquier contrariedad.
birlar. tr. robar, quitar.
birle. m. robo.
birmano. m. masaje erótico que se realiza con los pechos, seguido de cópula.
birra. f. cerveza.
biruji. m. frío.
bisnear. intr. traficar.
bisnes. (del inglés *business*) m. sing. negocio ilegal.

bisni. *Véase* bisnes.
bistec. m. lengua // *darse el bistec* loc. besarse.
bisuta. f. (marg.) bisutería.
bizco, ca. *quedarse bizco* loc. sorprenderse, asombrarse.
bizcocho. *mojar el bizcocho* loc. copular.
blanca. f. (dro.) cocaína // *estar sin blanca* loc. no tener dinero.
blanco, ca. adj. (marg.) sin antecedentes penales.
blanda. f. (marg.) cama.
blandengue. adj. y s. persona débil, cobarde.
blando, da. adj. y s. persona débil, cobarde.
blanquear. tr. transformar el dinero procedente de actividades delictivas en dinero de curso legal.
blanqueo. m. acción de blanquear dinero.
blaugrana. *Véase* azulgrana.
bledo. *importar un bledo* loc. no importar.
bluf. m. engaño.
bobales. adj. necio, bobo.
boca. *a pedir de boca* loc. salir algo como uno quiere // *hacerle a alguien la boca un fraile* loc. pedir alguien frecuentemente // *irse de la boca* loc. hablar mucho // *partir la boca* loc. golpear // *sin decir esta boca es mía* loc. sin decir nada.
bocata. m. bocadillo.
bocazas. m. y f. persona que habla demasiado.
bocinazo. *dar bocinazos* loc. gritar para reprender a alguien // *dar el bocinazo* loc. informar de modo confidencial.
bodega. f. celda de castigo.
bodi. (del inglés *body*). m. cuerpo.
bodorrio. m. boda ostentosa.
bodrio. m. producto o actividad desagradable, de mala calidad.
bofetada. *darse de bofetadas* loc. desentonar // *no tener ni media bofetada* loc. ser débil, pequeño.
bofia. f. la policía.
bogui. m. y f. abogado.
bola. f. mentira // f. pl. testículos // cabeza // bíceps // golpe de suerte // (marg.) libertad carcelaria // *bola de billar* loc. calvo // *bola de sebo* loc. gordo, obeso // *dar bola* loc. excarcelar // *estar en bolas* loc. estar desnudo // *ir uno a su bola* loc. comportarse libremente // *írsele a uno la bola* loc. desvariar, enloquecer // *no dar pie con bola* loc. equivocarse.
bolamen. m. testículos.
bolero. adj. y s. mentiroso.
boleta. *dar la boleta* loc. dejar plantado, despedir.
boleto. *Véase* boleta.
bolinga. adj. y s. borracho.
bollera. f. lesbiana.
bollicao. m. adolescente atractivo.
bollo. m. vagina // lesbiana // lío. alboroto // m. adolescente atractivo // *hacer un bollo* loc. relacionarse sexualmente dos o más mujeres.

bolo. m. pene // natural de Toledo // (marg.) dados para jugar.
bolsa. f. testículos.
bomba. f. sorpresa // *pasarlo bomba* loc. divertirse.
bombardear. tr. llenar de pintadas o graffitis una pared.
bombardeo. *apuntarse a un bombardeo* loc. asistir a cualquier acto.
bombear. tr. (dro.) inyectar droga por vía intravenosa y extraer sangre alternativamente.
bombo. m. embarazo.
bombón. m. persona atractiva.
bombona. f. (marg.) coche de la policía.
bondage. m. práctica sadomasoquista consistente en inmovilizar a alguien para utilizarlo sexualmente.
boniato. m. billete de mil pesetas.
boqueras. m. (marg.) funcionario de prisiones // com. (marg.) delator, chivato.
boquerón. m. persona sin importancia.
boqui. m. (marg.) funcionario de prisiones.
boquilla. *decir algo de boquilla* loc. decir cosas falsas o que no se piensan cumplir.
borde. adj. y s. persona antipática, intratable, indeseable.
borderío. m. expresión grosera, vulgaridad.
borroka. m. y f. pendenciero, alborotador.
bos. (del inglés *boss*) m. jefe.
botas. *ponerse las botas* loc. disfrutar de algo deseado hasta saciarse.
bote. m. propina de los camareros // fondo común de dinero // *chupar del bote* loc. aprovecharse de una situación // *dar el bote* loc. despedir // *tener en el bote* loc. haber conseguido algo o a alguien.
botellón. m. reunión de amigos en la calle en la que se ingieren bebidas alcohólicas.
botijo. m. persona baja y gruesa.
botones. m. pl. testículos // pezones.
boyer. *Véase* voyer.
braga(s). *dejar en bragas* loc. dejar sin dinero, sobre todo en el juego. // *estar hecho una braga* loc. estar muy cansado // *pillar en bragas* loc. sorprender desprevenido a alguien.
bragazas. m. hombre influenciable y sin carácter.
bragueta. *oír por la bragueta* loc. entender mal.
braguetazo. *dar el braguetazo* loc. casarse por interés con una mujer rica.
brasa(s). m. persona pesada y aburrida // *dar la brasa* loc. aburrir, molestar.
brava. f. (marg.) palanqueta para forzar puertas.
breakdance. *Véase* bricdans.
breva. f. vagina // *no caerá esa breva* loc. no confiar en que algo salga bien.

bricdans. (del inglés *breakdance*) m. baile acrobático asociado a la cultura del hip-hop.
bróder. (del inglés *brother*) m. hermano, amigo.
bronca(s). *ser un bronca(s)* loc. ser una persona pesada, alborotadora.
bronce. *ligar bronce* loc. ponerse moreno, broncearse.
brutal. adj. grande, enorme // excelente, magnífico.
buche. m. estómago.
buco. m. (dro.) dosis intravenosa de heroína.
buda. m (dro.) tipo de LSD.
bueno, na. *estar bueno* loc. ser una persona atractiva // *estar de buenas* loc. estar de buen humor.
bufa. f. ventosidad, pedo.
bufarse. prnl. emborracharse.
buga. m. coche.
bugui. *Véase* buga.
buitre. m. aprovechado, gorrón.
buitrear. intr. aprovecharse, gorronear.
bujarra. m. homosexual.
bul. m. ano, nalgas.
burda. f. (marg.) puerta.
bureo. *ir de bureo o darse un bureo* loc. salir a divertirse, dar un paseo.
burlador. m. (marg.) jugador profesional de los triles. *Véase también* triles.
burlar. intr. (marg.) apostar a dados o a cartas.
burle. m. (marg.) juego, timo.
burra. f. motocicleta // bicicleta.
burraca. f. (marg.) prostituta de baja categoría.
burrada f. barbaridad // exageración, enormidad.
burrear. tr. (marg.) timar, estafar.
burro, rra. m. y f. torpe, necio // m. y f. terco // m. (dro.) heroína // *apearse, bajarse del burro* loc. ceder // *no ver tres en un burro* loc. ver muy mal, ser miope // *ponerse burro* loc. obstinarse.
burrocracia. f. burocracia.
buscador. m. programa dedicado a recopilar y estructurar la información de todo internet, facilitando así la búsqueda de datos por palabras clave.
buscona. f. prostituta.
buseto. m. autobús.
butifarra. f. pene.
butrón. m. (marg.) agujero realizado para entrar a robar.
butronero, ra. m. y f. ladrón que emplea el procedimiento del butrón.
buzón. m. boca grande // *cerrar el buzón* loc. callarse.

C

cabalgar. intr. copular // intr. sodomizar.
caballa. f. oriundo de Ceuta.
caballista. m. (marg.) preso que maneja mucho dinero.
caballo. m. (dro.) heroína // *caballo blanco* loc. persona que financia negocios ilícitos // *de caballo* loc. grave, importante // *ser más lento que el caballo del malo* loc. ser muy lento.
cabeza. *cabeza buque* loc. persona con la cabeza muy grande // *cabeza cuadrada* loc. persona de pensamientos rígidos // *cabeza de chorlito* loc. tonto, alocado // *cabeza de turco* loc. persona que carga con todas las culpas // *cabeza rapada* loc. persona agresiva de ultraderecha // *comer la cabeza* loc. preocupar, molestar // *meter la cabeza en un sitio* loc. conseguir introducirse o ser admitido en un lugar // *perder la cabeza* loc. actuar irreflexivamente // *traer de cabeza* loc. preocupar.
cabezada. *echar una cabezada (o cabezadita)* loc. dormir un poco.
cabezón, ona. adj. y s. persona obstinada.
cable. *cruzársele a alguien los cables* loc. equivocarse, perder el control // *echar un cable* loc. ayudar.
cabra. f. motocicleta // *estar como una cabra* loc. estar loco.
cabrearse. prnl. enfadarse.
cabreo. m. enfado.
cabritada. f. acción dañina.
cabrito, ta. m. y f. persona indeseable, perversa // (prost.) cliente de una prostituta.
cabrón, ona. m. y f. persona malintencionada // persona que consiente el adulterio de su pareja // *trabajar como un cabrón* loc. trabajar mucho.
cabronada. f. mala acción.

cabronazo, za. adj. y s. persona despreciable.

cabroncete, ta. adj. y s. término utilizado con matiz afectivo: persona malintencionada, vividora.

caca. f. objeto de mala calidad o de poco valor // m. (marg.) nalgas // *caca de la vaca* loc. expresión de rechazo, no, en absoluto.

cacao. m. lío, alboroto, jaleo // *cacao mental* loc. confusión mental.

cacatúa. f. mujer fea.

cacharra. f. (marg.) pistola.

cacharrazo. m. golpe violento.

cacharro. m. automóvil en mal estado // consumición alcohólica // (marg.) pistola.

cachas. adj. persona musculosa y fuerte // f. pl. nalgas // *estar o ponerse cachas* loc. tener músculos, estar fuerte.

cachi. m. consumición alcohólica de aproximadamente un litro, en especial de cerveza.

cachimba. f. cigarrillo de hachís o marihuana // f. utensilio casero utilizado para fumar que consiste en un recipiente hermético con tres agujeros; en uno se coloca el cigarrillo de hachís o marihuana, otro sirve para la entrada de aire y el último es utilizado para inhalar el humo.

cacho. *ser un cacho carne (con ojos)* loc. ser un necio // *ser un cacho de pan* loc. ser muy buena persona.

cachondearse. prnl. burlarse.

cachondeo. m. diversión, jaleo, broma.

cachondo, da. adj. excitado sexualmente // adj. gracioso, divertido // *cachondo mental* loc. persona graciosa y divertida.

cadenas. m. persona engreída y fanfarrona.

caderamen. m. caderas.

caer. intr. darse cuenta de algo // (marg.) intr. capturar a un delincuente // *caer bien o mal alguien* loc. gustar o no gustar alguien.

café. *café con leche* loc. mulato, homosexual // *estar de mal café* loc. estar de mal humor, estar enfadado.

cafelito. m. café.

cafeta. f. cafetería.

cafetera. f. automóvil u objeto en mal estado.

cafre. adj. y s. persona tosca, bruta.

cagacirios. com. persona beata.

cagada. f. equivocación, error // f. cosa de mala calidad o en mal estado // f. excremento.

cagadero. m. retrete, aseo.

cagado, da. adj. cobarde // *estar cagado* loc. estar muy asustado.

cagalera. f. diarrea // f. miedo.

cagar. tr. estropear algo o equivocarse en algo // prnl. asustarse, acobardarse // *cagarla* loc. equivocarse, errar // *cagarse uno en diez, en Dios, en el copón, en la hostia, en la leche, en la puta, en la Virgen, en todo, en tu madre, en tu padre, en tus muertos...* exclamaciones que expresan enfado u ofensa // *¡cágate lorito!* loc. exlamación que expresa sorpresa, asombro // *hacer cagar* loc. ser despreciable // *mandar a cagar a alguien* loc. expresión de rechazo // *pillar cagando* loc. sorprender a alguien // *...que te cagas* loc. muy bien, magnífico, impresionante.

cagatintas. com. oficinista.

cagatorio. m. aseo, retrete.

cagódromo. m. aseo, retrete.

cagón, ona. adj. y s. cobarde.

cague. m. miedo, temor.

cagüen. loc. expresión apocopada de "me cago en".

caguetas. adj. y s. miedoso, cobarde.

caguetis. m. miedo.

caída. f. (marg.) detención, encarcelamiento.

Caín. *pasar las de Caín* loc. pasarlo mal.

caja. f. ataúd // *caja tonta* loc. televisión.

cala. f. peseta.

calabaza. f. cabeza // f. (est.) asignatura suspensa // *dar calabazas* loc. rechazar una proposición amorosa // suspender un examen.

calada. f. aspiración de un cigarrillo.

calar. tr. darse cuenta del carácter de una persona.

calavera. m. vividor, mujeriego.

calcar. tr. multar.

calcetín. m. preservativo.

calcos. m. pl. (marg.) zapatos.

caldo. m. gasolina // *cambiar el caldo a los garbanzos* loc. orinar el hombre // *poner a caldo* loc. criticar mordazmente, regañar.

calé. m. gitano.

calentar. tr. pegar, golpear // prnl. excitar sexualmente // prnl. enfadarse.

calentón, ona. adj. excitado sexualmente // m. excitación nerviosa o sexual.

calentorro, orra. adj. excitado sexualmente.

calibre. *ser del mismo calibre* loc. ser idéntico.

calicatas. f. pl. nalgas.

calientabraguetas. *Véase* calientapollas.

calientapichas. *Véase* calientapollas.

calientapollas. f. mujer que excita a los hombres pero rechaza el coito.

caliente. adj. excitado sexualmente // m. (marg.) jerga de los delincuentes // *pasar la patata caliente* loc. delegar un problema.

calimero. m. (mil.) policía militar // *ser un calimero* loc. ser una persona que se lamenta por todo.

calimocho. m. bebida hecha con vino tinto y coca-cola.

caliqueño. *echar un caliqueño* loc. copular.

calisto, ta. m. y f. gitano.

calle. *estar poniendo las calles* loc. ser muy temprano, de madrugada // *hacer la calle* loc. prostituirse // *llevar de calle* loc.

tener éxito sexualmente // *llevar por la calle de la amargura* loc. no parar de dar disgustos, estar muy disgustado.

callo. m. persona muy fea // *callo malayo* m. persona extremadamente fea // *dar el callo* loc. trabajar mucho.

caló. m. idioma de los gitanos // gitano.

calorro, orra. adj. y s. gitano.

calvo. m. pene // m. pl. cabezas rapadas // *hacer un calvo* loc. mostrar el trasero.

calvorota. adj. y s. calvo.

calzarse. prnl. mantener relaciones sexuales, copular.

calzonazos. m. hombre sin decisión propia, sin carácter.

calzoncillos. *bajarse los calzoncillos* loc. humillarse // *dejar en calzoncillos* loc. dejar sin dinero.

cama. *cama redonda* loc. relaciones sexuales entre varias personas a la vez // *hacer la cama* loc. burlar, engañar // *llevarse a la cama* loc. mantener relaciones sexuales tras una conquista.

camaruta. f. (prost.) camarera de un local de alterne.

camelar. tr. seducir, querer // embaucar, convencer.

camellear. intr. traficar con droga en pequeñas cantidades.

camello. m. traficante de droga en pequeñas cantidades.

camelo. m. embuste, engaño.

camión. *estar como un camión* loc. ser una persona muy atractiva.

camionera. f. lesbiana.

camisa. f. (dro.) envoltorio con heroína // *cambiar de camisa* loc. cambiar de ideas por interés // *meterse en camisa de once varas* loc. entrometerse // *perder hasta la camisa* loc. perder todo.

camiseta. *sudar la camiseta* loc. (dep.)esforzarse al máximo durante un partido.

campana. *hacer campana* loc. no asistir a clase // *tocar la campana* loc. masturbarse el hombre.

campanearse. prnl. pasearse.

campeonato. *de campeonato* loc. excepcional, impresionante.

campiri. m. (marg.) campo.

campo. *ser más de campo que las amapolas* loc. persona tosca, sin educación.

cana. *echar una cana al aire* loc. ir de juerga, salir a divertirse.

canario. m. pene // taxi de Barcelona // *cambiar el agua al canario* loc. *Véase también* agua.

cancha. *dar cancha* loc. consentir todas las acciones de una persona.

candelero. *estar en el candelero* loc. tener fama, estar de actualidad.

canear. tr. golpear, pegar.

canela. *canela en rama* loc. ser algo o alguien excepcional.

canelo. m. tonto, estúpido // m. cigarrillo de hachís o marihuana // *hacer el canelo* loc. hacer el tonto, hacer el ridículo.

cangrejo. m. (marg.) cerrojo, candado.

cangrí. f. (marg.) iglesia // f. (marg.) cárcel.
cangrilero, ra. m. y f. persona que pide dinero en la puerta de una iglesia.
canguelo. m. temor, miedo.
canguro. com. persona que cuida por horas a niños en sus casas.
canicas. f. pl. testículos.
cantada. f. error, fallo // confesión, delación.
cantado, da. adj. previsto, conocido.
cantamañanas. com. persona engreída, poco fiable.
cantar. tr. confesar, denunciar // intr. oler mal // intr. llamar la atención, ser evidente // *cantar las cuarenta* loc. echar la bronca, reñir // *cantarle la gallina* loc. recriminar a alguien.
cántaros. m. pl. pechos grandes.
cante. m. confesión // *dar el cante* loc. llamar la atención, ser escandaloso // *¡vaya cante!* loc. ser evidente, escandaloso.
cantidad. adv. mucho.
cantidubi. adv. mucho.
cantoso. adj. evidente, llamativo.
canu. m. cigarrillo de hachís o marihuana.
canutas. *pasarlas canutas* loc. pasarlo mal, sufrir.
canuto. m. cigarrillo de hachís o marihuana // m. (marg.) teléfono // *no saber hacer la o con un canuto* loc. no saber hacer nada.
canutero, ra. m. y f. consumidor habitual de canutos.
caña. f. vaso de cerveza // *a toda caña* loc. rápidamente // *dar o meter caña* loc. golpear, pegar; aumentar la velocidad // *darse caña* loc. (dro.) inyectarse droga // *echar una caña* loc. orinar.
cañería. f. vena en la que se inyecta droga.
cañero, ra. adj. que incita a la diversión.
cañón. adj. y s. persona atractiva.
cañonazo. m. (fútbol) lanzamiento muy potente del balón.
cao. *Véase* kao.
capataz. m. (dro.) acompañante del traficante que cruza con la droga por la aduana para evitar la estafa de éste.
capi. f. capital // m. capitán.
capicúa. m. persona fea.
capiscar. tr. comprender, entender.
capitoste. com. jefe, persona con un cargo importante.
capote. *echar un capote* loc. ayudar a alguien en una situación comprometida.
capullo, lla. adj. y s. tonto, necio // m. prepucio, glande // *salirle del capullo a alguien* loc. apetecerle, darle la gana.
cara. com. persona desvergonzada // *aplaudir la cara* loc. abofetear // *cara de cemento (armado)* loc. caradura, descarado // *cara de chiste* loc. gesto gracioso en la cara // *cara de cordero dego-*

llado loc. cara de víctima // *cara de mala leche* loc. semblante de mal humor // *cara de palo* loc. semblante serio // *cara de pijo* loc. semblante estúpido, ridículo // *cara de perro* loc. semblante enfadado // *cara de póquer* loc. cara inexpresiva // *cara de vinagre* loc. semblante de mal humor // *dar la cara* loc. defender a alguien; responsabilizarse // *echarle cara* loc. ser desvergonzado y atrevido // *partir o romper la cara* loc. pegar, golpear, pelear // *por la cara* loc. gratis, sin merecerlo // *tener más cara que espalda* loc. ser descarado y sinvergüenza.

caraba. *ser la caraba* loc. ser insólito, sorprendente.

carabina. f. persona que vigila a una pareja de novios para que no se excedan en su comportamiento.

caraculo. adj. y s. tonto, feo.

carajo. m. pene // expresión de enfado y rechazo // *del carajo* loc. impresionante, tremendo // *importar un carajo* loc. no importar nada // *irse al carajo* loc. estropearse, salir mal algo // *mandar al carajo* loc. rechazar o despreciar a alguien // *no valer un carajo* loc. no valer nada.

carapijo, ja. adj. y s. bobo, estúpido.

carburar. tr. razonar, pensar // salir bien, funcionar.

carca. adj. y com. reaccionario, conservador.

carcamal. m. anciano // retrógrado.

carcasa. f. cuerpo humano.

cardiaco, ca. adj. persona muy nerviosa y activa // *ponerse cardiaco* loc. ponerse nervioso; ingerir excesiva bebida o droga.

cardo. m. persona fea // persona intratable, arisca // *cardo borriquero* loc. persona muy fea.

careto. m. cara.

cargado, da. *estar cargado* loc. estar ebrio, borracho // *tener cargada una asignatura* (est.) suspender una asignatura.

cargarse. prnl. matar // romper, destruir // suspender un examen.

carne. *carne de cañón* loc. persona con un destino poco prometedor // *cobrarse en carne* loc. vender el cuerpo a cambio de algo // *estar metido en carnes* loc. estar obeso // *poner toda la carne en el asador* loc. arriesgarse, esforzarse.

carnicero, ra. adj. y s. persona agresiva, asesino // m. y f. cirujano incompetente.

carota. adj. y s. persona desvergonzada, descarada.

carpanta. f. hambre // m. persona con apetito voraz.

carpetazo. *dar carpetazo* loc. dar por terminado un asunto.

Carracuca. *ser más feo que Carracuca* loc. ser muy feo // *ser más viejo que Carracuca* loc. ser muy viejo.

carrera. *hacer la carrera* loc. ejercer la prostitución.

carrerón. m. rápido ascenso laboral.

carrete. *dar carrete* loc. dar conversación.
carro. m. automóvil // m. (marg.) intercambio de objetos en la cárcel // *apearse o bajarse del carro* loc. ceder, desistir de algo // *para parar un carro* loc. en grandes cantidades, abundante // *tirar del carro* loc. cargar con el peso de una responsabilidad, trabajar.
carrocería. f. cuerpo, silueta.
carroza. com. anciano // persona anticuada // homosexual viejo.
carta. *dar carta blanca* loc. dar la autorización para obrar libremente // *poner las cartas boca arriba* loc. actuar con sinceridad // *tomar cartas en el asunto* loc. intervenir en una situación.
cartilla. *leer la cartilla a alguien* loc. reprender, reñir.
cartón. m. (marg.) vale empleado en la cárcel como dinero.
cartucheras. f. pl. acumulación de grasa en las caderas.
cartulaje. m. baraja.
casa. *casa de citas, de fulanas, de mal vivir, de mala nota, de masajes, de putas, de señoras, de relax, pública...* loc. prostíbulo // *como una casa* loc. enorme, grande.
casarse. *casarse de penalty* loc. casarse por estar embarazada // *no casarse con nadie* loc. ser independiente.
cascado, da. adj. estropeado, enfermo.
cascar. tr. romper, estropear // intr. hablar // intr. golpear, pegar // *cascarla* loc. morir // *cascársela* loc. masturbarse el hombre.
cáscaras. *no haber más cáscaras* loc. no haber más remedio.
casco. m. cabeza // m. preservativo // *calentarse los cascos* loc. enojarse // *ligera de cascos* loc. persona promiscua.
casillas. *sacar a alguien de sus casillas* loc. enfadar a alguien.
caso. *ser un caso perdido* loc. ser una persona complicada, difícil de llevar.
casorio. m. boda.
casposo, sa. adj. persona o cosa despreciable, poco actual.
casquete. m. cópula // *echar un casquete* loc. copular.
castaña. f. borrachera // f. golpe fuerte // f. vagina // f. pl. años de una persona // *sacar las castañas del fuego* loc. ayudar a alguien en una situación conflictiva // *¡toma castaña!* loc. expresión de satisfacción o asombro.
castañazo. m. golpe.
castañuelas. *estar como unas castañuelas* loc. estar muy contento.
catalina. f. excremento.
catalino, na. adj. y s. catalán.
cataplines. m. pl. testículos // *estar hasta los cataplines* loc. estar harto.
cate. m. golpe // m. (est.) suspenso.
catear. tr. (est.) suspender un examen.

cátedro. m. (est.) catedrático.
cateto, ta. adj. y s. necio, bobo.
catre. m. cama // *llevar al catre* loc. acostarse con alguien.
caucho. *quemar caucho* loc. conducir a toda velocidad.
cazar. tr. casarse con una conquista // tr. sorprender in fraganti.
cazo. *meter el cazo* loc. equivocarse // *poner el cazo* loc. pedir dinero // *ser un cazo* loc. ser feo.
cazurro, rra. adj. y s. torpe, cabezota // adj. leonés // adj. turolense.
cebado, da. adj. gordo, obeso.
cebolla. f. cabeza // f. borrachera.
cebollón. m. borrachera.
cegato, ta. adj. y s. persona con escasa agudeza visual, miope.
ceguerón. m. borrachera // intoxicación por drogas.
cencerro. *estar como un cencerro* loc. estar loco.
cenizo, za. adj. y s. persona que tiene mala suerte, agorero.
cenorra. f. cena abundante y de gran calidad.
cenutrio. m. bobo, torpe.
cepa. *estar como una cepa* loc. estar borracho.
cepillar. tr. gastarse todo el dinero // tr. hurtar, robar // prnl. copular // prnl. matar, asesinar // prnl. comer toda la comida // prnl. (est.) suspender una asignatura.
ceporro, rra. adj. y s. terco, tonto, obstinado // *dormir como un ceporro* loc. dormir profundamente.
cera. *dar cera* loc. golpear, pegar.
cerapio. m. (est.) cero.
cerdada. f. mala pasada.
cerdo, da. adj. y s. persona poco aseada, sucia // persona despreciable, malintencionada.
cerebrín. m. persona inteligente.
cernícalo, la. m. y f. sucio, indeseable, grosero.
cero. m. coche de la policía // *cero patatero* loc. (est.) cero // *doble cero* loc. droga de muy buena calidad // *¡multiplícate por cero!* loc. ¡desaparece!, ¡fuera de mi vista! // *ser un cero a la izquierda* loc. ser una persona a la que no se tiene en cuenta su opinión.
cerrado, da. adj. persona a la que le cuesta relacionarse con otras personas // persona que le cuesta aceptar otras ideas diferentes a la suya.
cerumen. m. cera.
cesto. (marg.) m. prisión.
chabola. f. casa.
chabolo. m. casa // m. (marg.) celda.
chacha. f. empleada del hogar, sirvienta.
chache. com. yo.
chachi. adj. genial, bueno, estupendo // *chachi piruli* loc. fantástico, estupendo.
chachipén. adj. estupendo, muy bueno.
chacurra. m. (marg.) en euskera «perro», designa despectivamente a la policía.

chafar. tr. estropear, romper.
chai. f. (marg.) prostituta // f. (marg.) muchacha joven.
chaira. *Véase* cheira.
chalado, da. m. y f. loco, ido // enamorado.
chaladura. f. locura.
chalarse. prnl. enloquecer, gustar.
chamba. f. suerte.
chamullar. tr. hablar.
chanar. tr. (marg.) saber, entender.
chanchi. adj. estupendo, genial.
chanelar. tr. (marg.) saber, entender.
chapa. f. policía // relación sexual entre hombres a cambio de dinero // matrícula de un coche // *estar sin chapa* loc. estar sin dinero // *hacer chapas* loc. prostituirse entre homosexuales // *no dar chapa, no pegar ni chapa* loc. no hacer nada.
chapado, da. *estar chapado a la antigua* loc. ser una persona conservadora.
chapar. tr. cerrar // tr. (est.) estudiar.
chapero. m. hombre que se prostituye con hombres.
¡chapó! (del francés *chapeau*) interj. magnífico.
chapucero, ra. adj. y s. persona que no hace bien las cosas, manazas.
chapuzas. com. persona que no hace bien las cosas.
chaqueta. *cambiar de chaqueta* loc. cambiar de parecer u opinión por interés // *ser más vago que la chaqueta de un guardia* loc. ser perezoso, muy vago.
chaquetero, ra. adj. y s. persona que cambia por interés de ideología.
charco. *cruzar el charco* loc. atravesar el Atlántico.
charlotear. intr. hablar distendidamente.
charnego, ga. adj. y s. inmigrante del resto de España en Cataluña.
charrán. m. persona indeseable.
charrar. intr. conversar, hablar.
charro, rra. adj. y s. natural de Salamanca.
chasco. m. decepción, fracaso.
chasis. m. cuerpo // *quedarse en el chasis* loc. adelgazar mucho.
chata. f. (marg.) escopeta de cañones recortados.
chatarra. monedas de escaso valor // bisutería // objeto en mal estado.
chatear. intr. conversar a través de internet // intr. beber chatos de vino.
chateo. m. ir de bar en bar tomando chatos de vino.
chati. com. palabra afectuosa que expresa cariño.
chato. m. vaso de vino.
chato, ta. m. y f. palabra afectuosa que expresa cariño.
chaval, la. m. y f. chico joven.
chavea. m. chico joven.
chaveta. f. cabeza // loco, demente.

chavo. *estar sin un chavo* loc. no tener dinero.
che. m. natural de Valencia.
cheira. f. (marg.) navaja, arma blanca.
cheli. com. argot de los jóvenes.
chepa. f. joroba // *subirse a la chepa de alguien* loc. abusar de alguien.
chequear. tr. comprobar.
chévere. adj. magnífico, genial, bueno.
chic. adj. elegante.
chicha. f. carne // *no ser ni chicha ni limoná* loc. carecer de gracia, ni una cosa ni la otra // *tener pocas chichas* loc. estar delgado.
chicharra. f. (dro.) colilla de un cigarrillo de hachís o marihuana.
chichi. m. vulva // f. carne.
chichinabo. adj. y ú.t.c.s. malo, poco importante.
chiflar. tr. gustar mucho.
chiguito, ta. m. y f. niño.
chilaut. (del inglés *chill out*) m. local con música ambiental y relajante, donde frecuentemente se consumen drogas.
chima. f. cabeza.
china. f. (dro.) trozo pequeño de hachís // *tocarle la china a alguien* loc. quedarse con la parte más desfavorable.
china(d)o, (d)a. *estar china(d)o* loc. estar loco, trastornado.
chinar. tr. (marg.) cortar, herir con arma blanca.
chinazo. m. (marg.) corte hecho con arma blanca // trozo de hachís.
chinchar. tr. fastidiar, molestar.
chinche. com. persona que molesta continuamente.
chingar. tr. mantener relaciones sexuales, copular // tr. molestar, fastidiar.
chinita. f. (dro.) trocito de hachís.
chino. m. heroína o cocaína fumada // (marg.) objeto afilado con el que se corta la ropa para robar // *engañar como a un chino* loc. engañar con mucha facilidad // *hacerse un chino* loc. fumar heroína.
chinorri. m. (marg.) niño, muchacho.
chipén. adj. estupendo, genial.
chip. *cambiar el chip* loc. cambiar de mentalidad, prepararse para cambiar de actividad o de conducta.
chiquero. m. (marg.) cárcel.
chiquitear. intr. beber chatos de vino.
chiquito. m. vaso pequeño de vino.
chiri. m. cigarrillo de hachís o marihuana.
chiribitas. *hacer a alguien los ojos chiribitas* loc. iluminarse la mirada de alguien.
chirimbolo. m. cosa, objeto // m. pene.
chirimoya. f. cabeza.
chiringuito. m. bar, local.
chiripa. f. casualidad, suerte.
chirla. f. vagina // f. (marg.) arma blanca, navaja.

chirlar. tr. (marg.) robar amenazando con una navaja.
chirlero, ra. m. y f. (marg.) ladrón, navajero.
chirlo. m. (marg.) puñalada, navajazo.
chirona. f. cárcel.
chirri. m. vagina // m. (dro.) cigarrillo de hachís o marihuana.
chisme. m. bebida, consumición // m. pene // m. vagina.
chispa. *echar chispas* loc. estar muy enfadado // *estar chispa* loc. estar ebrio.
chita. *a la chita callando* loc. sigilosamente, secretamente.
chitón. *¡a chitón!* interj. ¡a callarse! // *estar chitón* loc. estar callado.
chivarse. prnl. confesar, delatar.
chivata. f. (marg.) linterna.
chivato, ta. m. y f. delator // m. piloto verde de los taxis que indica cuándo está disponible // colilla de un cigarrillo de hachís o marihuana // m. (marg.) mirilla de una celda.
chocarla. tr. dar la mano // *chocar esos cinco* loc. estrechar la mano.
chochear. intr. desvariar, perder facultades mentales debido a la edad.
chochete. m. vagina // m. mujer atractiva.
chochín. m. vagina // m. mujer atractiva.
chochito. m. vagina // m. mujer atractiva.
chocho, cha. adj. senil, persona que ha perdido la capacidad de raciocinio // m. vagina, genitales femeninos // f. mujer.
chocholoco. m. mujer vividora, alocada.
chochona. f. homosexual amanerado.
choco. m. (dro.) hachís.
chocolate. m. (dro.) hachís.
chola. f. cabeza.
chollo. m. ganga, oportunidad.
chonzo. m. excremento.
chorar. tr. robar, hurtar.
chorbo, ba. m. y f. (marg.) chico, novio.
chori. m. (marg.) ladrón // f. (marg.) navaja.
choricear. tr. robar, hurtar.
choricero, ra. adj. y s. ladrón.
chorizar. tr. robar, hurtar.
chorizo, za. m. y f. delincuente // m. y f. persona que inspira desconfianza // m. pene.
chorlito. m. lelo, necio // m. (prost.) cliente de prostituta // *cabeza de chorlito* loc. tonto, bobo.
choro. m. (marg.) ladrón, delincuente.
chorra. f. suerte // f. pene // *hacer el chorra* loc. hacer el tonto // *ser un chorra(s)* loc. ser bromista, tonto.
chorrada. f. tontería.
chorvo. *Véase* chorbo.
chota. m. (marg.) delator, chivato // cabeza // *estar como una chota* loc. estar loco.
chotearse. prnl. reírse de alguien, burlarse // (marg.) delatar.

choteo. m. guasa, burla.
chotis. *ser más agarrado que un chotis* loc. ser tacaño.
chubasquero. m. preservativo.
chucha. f. (marg.) mujer que tiene relaciones sexuales con un preso.
chuches. f. pl. chucherías, golosinas.
chucho. m. perro.
chuchurrí(d)o, (d)a. adj. sin fuerza, mustio.
chufa. f. golpe.
chulángano. m. persona indeseable, proxeneta.
chulear. tr. vivir de la prostitución de mujeres // prnl. alardear, presumir.
chuleta. f. (est.) resúmenes de temas para copiar en los exámenes // adj. y s. presumido, descarado.
chuli. adj. bonito, sensacional.
chulo, la. adj. bonito, elegante // descarado, sinvergüenza // m. proxeneta // *chulo (de) putas* loc. mala persona, proxeneta // *más chulo que un ocho* loc. muy orgulloso y atrevido.
chuminada. f. estupidez, bobada.
chumino. m. vagina.
chunga. f. broma // f. (marg.) mano izquierda // *estar de chunga* loc. bromear // *sonar a chunga* loc. parecer una broma.
chungo, ga. adj. malo, falso // adj. enfermo // adj. estropeado // adj. difícil.
chupa. f. cazadora, chaqueta.
chupaculos. adj. y s. adulador.
chupado, da. adj. persona muy delgada // *estar chupado* loc. ser muy fácil.
chupapollas. f. mujer promiscua.
chupar. tr. realizar el sexo oral // tr. aprovecharse de un asunto o situación // *chupar cámara* loc. acaparar la atención del público en un medio audiovisual, como la televisión // *chupar del bote* loc. vivir a costa de los demás // *chuparse* prnl. aguantarse, resignarse //*¡chúpate ésa!* loc. expresión de satisfacción ante una situación contraria a los intereses de otra persona.
chupatintas. com. personal administrativo, oficinista.
chupetón. m. mancha rojiza producida al succionar sobre la piel.
chupi. adj. genial, magnífico.
chupito. m. vasito de licor.
chupóptero, ra. adj. y s. gorrón, aprovechado.
churdero, ra. adj. y s. (dro.) drogadicto.
churi. f. (marg.) navaja.
churimangar. tr. robar, quitar.
churri. f. muchacha.
churro, rra. m. cosa mal hecha // m. pene // adj. y s. valenciano que habla castellano // *mandar a freír churros a alguien* loc. echar a alguien con enojo // *mojar el churro* loc. copular el hombre.
churumbel. m. niño.
chusco, ca. adj. y s. persona de reacción rápida, que sabe res-

ponder de modo fulminante y con gracia.

chusquel. m. (marg.) perro // (marg.) delator, chivato.

chusta. f. colilla de un cigarrillo de hachís o marihuana.

chuta. f. (dro.) jeringuilla.

chutar. intr. ir bien, funcionar. // prnl. (dro.) inyectarse droga // *esto va que chuta* loc. esto va bien.

chute. m. (dro.) inyección de droga por vía intravenosa.

chutona. f. (dro.) jeringuilla.

chuzo. m. pene // *caer chuzos de punta* loc. llover intensamente.

cibercafé. m. establecimiento público donde, además de beber y comer, los clientes pueden acceder a internet.

ciego, ga. m. borrachera // adj. intoxicación producida por el consumo de drogas // *ir, ponerse ciego* loc. consumir comida, bebida, drogas en abundancia.

cien. *estar o ir a cien* loc. estar muy nervioso y alterado, sobre todo debido al consumo de drogas // *ir a cien por hora* loc. muy rápido // *ponerse a cien* loc. estar muy excitado sexualmente.

cierre. *echar el cierre* loc. callar.

ciervo. m. persona cuya pareja le es infiel.

cifra. f. dinero.

cigarrillo. *cigarrillo de la risa* loc. cigarrillo de hachís o marihuana.

cigüeña. f. (marg.) tortura en la que se obliga a una persona a caminar en cuclillas con las manos atadas por debajo de los muslos // *esperar, venir, llegar la cigüeña* loc. estar embarazada.

cigüeño. m. (marg.) guardia civil.

cilindrín. m. cigarrillo // pene.

cimbel. m. pene.

cinco. *chocar esas cinco* loc. dar la mano // *estar sin cinco* loc. estar sin dinero.

cinturón. *apretarse el cinturón* loc. restringir el gasto.

cipayo. *Véase* zipaio.

cipostio. m. alboroto, jaleo // choque violento.

cipote. m. pene // m. persona inepta, estúpida, torpe // *no salir del cipote* loc. no querer hacer algo.

cirio. m. jaleo, lío, alboroto // pene // *montar un cirio* loc. alborotar, reñir.

ciruelo. m. bobo, lelo.

cisco. *hacer cisco* loc. estropear, cansar.

cisne. m. prostituta atractiva.

civilón. m. (marg.) guardia civil.

clapar. intr. dormir.

clara. f. cerveza con gaseosa.

clareo. *dar un clareo* loc. pasear.

claro, ra. *tenerlo/a, llevarlo/a claro/a* loc. tenerlo complicado, difícil.

clavada. f. factura excesiva.

clavado. *ser clavado a alguien* loc. ser muy parecido físicamente.

clavar. tr. cobrar en exceso.

clavo. *agarrarse a un clavo ardiendo* loc. intentar solucionar algo de cualquier forma // *dar en el clavo* loc. acertar // *echar un clavo* loc. copular el hombre // *estar sin un clavo* loc. no tener dinero // *ser como un clavo* loc. ser puntual.

clines. (de la marca comercial Kleenex) m. pañuelo de papel.

clisar. tr. (marg.) mirar, ver.

clisos. m. pl. (marg.) ojos.

coba. *dar coba* loc. adular.

cobero, ra. adj. y s. adulador.

cobrar. intr. ser golpeado.

coca. f. cocaína.

cocerse. prnl. emborracharse // planear un asunto.

coche. *ir en el coche de San Fernando* loc. ir andando.

cochinada. f. mala acción // f. suciedad.

cochino, na. m. y f. persona sucia, desaliñada // indeseable, amoral.

cocido. *estar cocido* loc. estar borracho.

cocina. (dro.) f. lugar donde se elabora la droga.

coco. m. cabeza // personaje fantástico que asusta a los niños // persona fea // *comer el coco* loc. preocuparse, obsesionarse // *darle vueltas al coco* loc. pensar, cavilar // *echar un coco* loc. copular // *estar mal del coco* loc. estar loco // *tener mucho coco* loc. ser muy inteligente.

cocoliso, sa. adj. bobo, lelo // calvo.

cocorota. f. cabeza.

codo. *empinar el codo* loc. beber alcohol // *hablar por los codos* loc. ser locuaz // *romperse, pelarse los codos* loc. estudiar vehementemente.

coger. tr. fornicar // *cogerla* loc. emborracharse // *cogerla meona* loc. insistir en algo de forma inoportuna.

cogorza. f. borrachera.

cojines. m. pl. testículos.

cojinetes. m. pl. testículos.

cojón. m. testículo // *¡cojones!* loc. expresión de enojo, enfado, sorpresa // *con dos cojones* loc. con decisión, con valentía // *costar, valer un cojón* loc. ser caro // *de cojones, de cojón de mico* loc. genial, estupendo // *echarle cojones* loc. actuar decididamente, con valentía // *estar hasta los cojones* loc. estar harto // *faltar cojones* loc. actuar cobardemente // *hacer a alguien lo que le sale de los cojones* loc. hacer lo que uno quiere // *hinchársele a alguien los cojones* loc. estar harto // *importar tres cojones* loc. no importar nada // *¡manda cojones!* loc. expresión que indica decepción, enfado, asombro // *meterse hasta los cojones* loc. estar inmerso en un asunto // *no haber más cojones* loc. no tener más remedio // *¡no hay cojones que valgan!* loc. expresión que indica que es inútil oponerse a algo // *pasar por los cojones* loc. expresión de desprecio e indiferencia // *ponerle a al-*

guien los cojones por corbata loc. asustar // *por cojones* loc. obligatoriamente, a la fuerza // *¡por mis cojones!* loc. mantenerse firme, decidido en algo // *¿qué cojones...?* loc. expresión de enfado // *salirle a alguien de los cojones* loc. apetecer, querer // *sentar como una patada en los cojones* loc. sentar muy mal // *tener cojones* loc. ser valiente, tener flema // *tener los cojones bien puestos* loc. ser decidido y valiente //*¡tiene cojones la cosa!* loc. expresión de asombro y contrariedad // *tocar los cojones* loc. molestar // *tocarse los cojones* loc. vaguear, no hacer nada // *un cojón* loc. mucho // *...y un cojón* loc. en absoluto.

¡cojona! interj. expresión que indica asombro o enojo.

cojonada. f. estupidez, tontería.

cojonamen. m. testículos.

cojonazos. m. hombre débil de carácter y muy influenciable // persona ociosa y perezosa.

cojonera. f. testículos // protector de testículos en prendas deportivas // *mosca cojonera* loc. persona pesada e insistente.

cojonudo, da. adj. estupendo, excelente.

cola. f. pene // *tener, traer cola* loc. traer consecuencias.

coladero. m. frontera con escaso control que se atraviesa con facilidad // (est.) centro educativo donde se aprueba fácilmente.

colado, da. *estar colado por alguien* loc. estar enamorado.

colador. *dejar como un colador* loc. disparar repetidamente sobre alguien.

colarse. prnl. equivocarse // saltarse el turno.

colchonero, ra. adj. y s. seguidor del equipo de fútbol del Atlético de Madrid.

cole. m. colegio.

colega. com. compañero, amigo.

colegui. *Véase* colega.

coleta. f. pene // *cortarse la coleta* loc. retirarse de una actividad // *soltarse la coleta* loc. comportarse con naturalidad, descubrirse como se es.

colgado, da. *dejar colgado a alguien* loc. abandonar, dejar solo a un amigo en un momento de apuro // *estar colgado* loc. estar sin dinero, sin amigos, sin drogas, etc. // estar loco, ido // *estar colgado de alguien* loc. depender excesivamente de una persona // *quedarse colgado* loc. dejar de funcionar o fallar un programa de ordenador.

colgajo. m. pene.

colgar. tr. (est.) suspender un examen // *colgar las botas* loc. retirarse de una actividad, en especial del fútbol.

colilla. f. pene pequeño.

colleja. f. palmada en la parte posterior del cuello.

colmena. f. (marg.) urinario público.

colocado, da. adj. bajo los efectos del alcohol o de la droga.

colocar. tr. (marg.) detener // tr. (marg.) vender // prnl. drogarse, emborracharse.

colocón. m. estado de intoxicación producido por la droga o el alcohol, borrachera.

colombiana. f. (drog.) marihuana procedente de Colombia.

coloque. m. estado de intoxicación producido por la droga o el alcohol, borrachera.

coloqueta. f. (marg.) detención, arresto // borrachera.

color. m. droga // dinero // ambiente festivo, diversión // *¡no hay color!* loc. expresión que indica que algo es aburrido o que no está a la altura de las expectativas // *pasarlas de todos los colores* loc. encontrarse en una situación difícil o complicada.

colorado. m. (marg.) oro // dinero // objeto valioso.

columpiarse. prnl. equivocarse // prnl. emborracharse.

combo. m. cuartel de la Guardia Civil // pandilla, grupo de amigos.

combro. m. cuartel de la Guardia Civil.

comecocos. com. persona o cosa que absorbe demasiado a un individuo impidiéndole pensar // juego de máquinas recreativas // cosa complicada o de difícil solución.

comedura *comedura de coco o de tarro* loc. uso de todos los medios posibles para persuadir a alguien.

comehombres f. mujer agresiva sexualmente.

comehostias. com. persona conservadora y beata.

comemierdas. com. persona despreciable, indeseable.

comer. tr. autoinculparse autor de un delito // consumir drogas // practicar sexo oral // *comer como una lima, como un cerdo* loc. comer en exceso // *comer la oreja* loc. conquistar, convencer // *comerse el mundo* loc. ser ambicioso, emprendedor // *estar para comérselo* loc. ser una persona encantadora o atractiva // *no comerse nada, una rosca* loc. no lograr un objetivo, especialmente sexual.

comercio-e. m. compra y venta a través de internet.

comi. f. comida // (marg.) comisaría de policía.

comida. *comida de coco o de tarro* loc. uso de todos los medios posibles para persuadir a alguien.

comino, na. m. y f. (marg.) niño // *no importar un comino* loc. no importar nada.

compa. com. compañero.

compi. com. compañero // com. cómplice.

completo. m. en la sobremesa, café, copa y puro // m. (prost.) servicio sexual completo, con cópula.

comprar. tr. (marg.) observar, mirar // sobornar.

comunicar. intr. (marg.) visitar a un preso.

conan. m. (marg.) objeto punzante de grandes dimensiones.
concha. f. vulva.
condón. m. preservativo.
condumio. m. comida.
conectar. intr. llevarse bien con alguien.
coneja. f. mujer con muchos hijos.
conejo. m. genitales femeninos, vulva // *dar de comer al conejo* loc. copular el hombre.
confite. com. (marg.) delator, chivato.
congo. m. (dro.) hachís procedente del Congo.
congoleño. adj. m. (dro.) hachís procedente del Congo.
cono. m. (dro.) tipo de ácido lisérgico –LSD– con esta forma.
consolador. m. objeto en forma de pene.
consorte. com. (marg.) compañero de un delito.
consuma(d)o. m. (marg.) botín de un robo // (dro.) droga.
Contreras. *que no te enteras, Contreras* loc. expresión para indicar que una persona no se entera de lo que ocurre.
controlar. tr. observar disimuladamente, vigilar // calmarse, serenarse.
coña. f. broma, burla // asunto molesto o aburrido, fastidio // *dar la coña* loc. molestar, aburrir // *estar de coña* loc. bromear // *¡ni de coña!* loc. en absoluto, para nada // *tomar a coña* loc. tomar a broma.
coñazo. m. alguien o algo aburrido y molesto // *dar el coñazo* loc. molestar, aburrir.
¡coñe! interj. eufemismo de ¡coño!
coñearse. prnl. burlarse.
coño. m. vulva, genitales femeninos // *comer el coño* loc. hacer el cunnilinguo // *¡coño!* interjección de asombro o enfado // *el quinto coño* loc. muy lejos // *estar hasta el (mismísimo) coño* loc. estar harta // *pasarse por el coño* loc. no importar // *¡qué coño!* expresión que indica decisión o acuerdo en realizar algo // *salir del coño* loc. apetecer, querer // *tocarse el coño* loc. estar ociosa, haraganear // *tomar por el coño de la Bernarda* loc. menospreciar.
cool. *Véase* cul.
copera. f. (prost.) camarera que obtiene dinero de las consumiciones en un bar de alterne.
copichuela. f. copa, bebida alcohólica.
copla. *la misma copla* loc. expresión utilizada ante una situación que siempre se repite // *¡no hay coplas que valgan!* loc. no hay excusas posibles // *quedarse con la copla* loc. recordar, darse cuenta, percatarse.
copón. *¡copón!* interj. que expresa asombro o enojo // *del copón* loc. importante, sorprendente, enorme.
coquero, ra. m. y f. (dro.) consumidor de cocaína.
corajai. m. (marg.) árabe.

corazón. m. (dro.) variedad de LSD con esa forma.
corbata. *tenerlos por corbata* loc. estar atemorizado.
¡corcho! interj. de asombro.
¡córcholis! *Véase* ¡corcho!
cordero, ra. m. y f. persona tranquila y dócil.
cornamenta. *poner cornamenta* loc. ser infiel a la pareja.
cornudo, da. adj. y s. persona cuya pareja le es infiel.
cornúpeta. m. hombre cuya mujer le les infiel.
coronilla. *estar hasta la coronilla* loc. estar harto.
correo. m. (dro.) persona que lleva droga de un país a otro.
correrse. prnl. tener un orgasmo // disfrutar mucho, experimentar un gran placer.
corrida. f. orgasmo, eyaculación.
cortado, da. adj. y s. persona tímida // adj. droga adulterada // *quedarse cortado* loc. quedarse cohibido, sin reaccionar.
cortar. intr. terminar, en especial, una relación amorosa // tr. adulterar droga // prnl. (marg.) callarse, cohibirse // *cortar el rollo* loc. callar, quitar las ganas de algo // *no cortarse ni un pelo* loc. hacer las cosas sin que te cohíban los demás.
corte. m. respuesta ofensiva e inesperada // m. (marg.) arma blanca, navaja // *corte de mangas* loc. gesto ofensivo que se realiza doblando un brazo con los dedos índice y pulgar recogidos llevando la otra mano hacia el antebrazo // *dar corte* loc. avergonzarse // *dar un corte* loc. rechazar o despreciar a alguien.
corto, ta. adj. de escasa inteligencia // m. vaso pequeño de cerveza.
cosa. f. genitales // *a otra cosa, mariposa* loc. expresión que se utiliza para dar por terminado un asunto // *cosa fina* loc. en gran cantidad // *dar cosa* loc. dar reparo o apuro // *estar con la cosa o tener la cosa* loc. tener la menstruación.
cosaco. *beber como un cosaco* loc. beber mucho.
coscarse. prnl. darse cuenta, enterarse.
costilla. f. pareja, cónyuge.
costo. m. (drog.) hachís.
cotarro. m. actividad, asunto // *manejar todo el cotarro* loc. mandar, dirigir.
cotilla. adj. y s. persona que critica a los demás, chismosa.
cotillear. intr. hablar de la vida de los demás con afán crítico.
cotorra. f. persona parlanchina, habladora.
coz. f. (dro.) sensación intensa de bienestar que se produce tras inyectarse heroína.
crack. m. (dro.) derivado de la cocaína que se fuma en pipa.
cráckér. com. persona que se especializa en violar medidas de seguridad de un ordenador o de una red informática.

cráneo. *ir de cráneo* loc. empeorar, tener mala suerte // *romperse el cráneo* loc. pensar mucho.

creído, da. adj. y s. presuntuoso, vanidoso.

cremallera. *echar la cremallera* loc. callarse.

criadillas. f. pl. testículos.

cristal. m. éxtasis líquido.

cristiano. *hablar en cristiano* loc. hablar en términos comprensibles.

Cristo. *armar un Cristo* loc. alborotar, crear jaleo // *donde Cristo perdió el gorro* loc. muy lejos // *estar hecho un Cristo* loc. estar desaliñado, manchado // *ni Cristo* loc. nadie // *todo Cristo* loc. todo el mundo.

cromo. *estar hecho un cromo* loc. estar vestido de forma ridícula.

crudo. *estar o tenerlo crudo* loc. tener complicado un asunto.

cuadrado, da. *estar cuadrado* loc. estar fuerte y musculoso // *tenerlos cuadrados* loc. ser de decisiones firmes, valiente.

cuaja(d)o, (d)a. adj. atontado, lento.

cualquiera. f. prostituta // mujer promiscua.

cuartel. *dar cuartel* loc. ayudar, consentir.

cuartelillo. m. (dro.) parte de droga que se reserva al traficante para consumo personal // *dar cuartelillo* loc. ayudar, consentir.

cuarto. *cuarto oscuro* m. habitación o espacio sin luz en un bar de homosexuales destinado a encuentros sexuales // *de tres al cuarto* loc. poco importante.

cuartos. m. pl. dinero // *...ni qué ocho cuartos* expresión de rechazo.

cuatrojos. com. persona con gafas.

cuba. *estar como una cuba* loc. estar borracho, ebrio.

cubana. f. (prost.) masturbación del pene con los pechos de la mujer.

cubata. m. ron con coca-cola o cualquier otra mezcla alcohólica con refresco.

cuca. f. peseta.

cucaracha. m. cura, clérigo.

cucharón, na. m. y f. persona entrometida.

cuchipanda. f. fiesta con comida y bebida // grupo de amigos.

cuchitril. m. lugar pequeño y desaliñado.

cuco, ca. m. y f. persona astuta y despierta // adj. bonito, agradable.

cuelgue. m. estado de dependencia producido por alguien o por algo // (drog.) estado de inconsciencia por consumir.

cuentitis. f. engaño, falsedad.

cuento. m. mentira // *cuento chino* m. embuste, engaño // *ir con el cuento* loc. contar algo secreto // *tener más cuento que Calleja* loc. ser mentiroso y embaucador // *vivir del cuento* loc. vivir a costa de los demás, sin trabajar.

cuerda. *bajo cuerda* loc. de manera oculta // *dar cuerda* loc. dar conversación // *estar en la cuerda floja* loc. estar en una situación difícil.

cuerno. m. pl. infidelidad // *¡al cuerno!* loc. expresión de rechazo // *importar un cuerno* loc. no importar nada alguna cosa // *irse al cuerno* loc. salir algo mal // *mandar al cuerno* loc. rechazar a alguien // *poner los cuernos* loc. ser infiel a la pareja // *romperse los cuernos* loc. trabajar de manera esforzada // *¡un cuerno!* expresión de incredulidad, rechazo.

cuero. m. (marg.) billetero, cartera // (dep.) balón // *en cueros* loc. desnudo.

cuerpo. *cuerpo serrano* loc. persona atractiva // *ser demasiado para el cuerpo* loc. ser mucho, excepcional.

cuervo. m. sacerdote, cura.

cuesco. m. ventosidad.

cueva. f. hogar, casa // *cuevas del sado* loc. (prost.) sitio donde se realizan prácticas sadomasoquistas.

cul. (del inglés *cool*) adj. simpático, moderno, divertido, genial.

culada. f. caída recibida en las nalgas.

culamen. m. nalgas de gran tamaño.

culé. m. forofo del Futbol Club Barcelona.

culear. intr. mover las nalgas.

culebrón. m. serial televisivo de gran duración.

culero, ra. m. y f. (drog.) relativo al hachís llevado en el ano o vagina // adj. y s. temeroso, cobarde.

culete. m. nalgas pequeñas.

culín. m. escasa porción de líquido que queda en el fondo de un vaso // nalgas pequeñas.

culo. *¡a tomar por culo!* loc. expresión que indica rechazo // *caerse de culo* loc. asombrarse, sorprenderse // *con el culo al aire* loc. en situación conflictiva o desprevenida // *culo pajarero* loc. con las nalgas al aire // *dar por el culo* loc. incordiar, fastidiar; sodomizar // *estar a tomar por el culo o estar en el culo del mundo* loc. estar muy lejos // *estar hasta el culo* loc. estar harto; haber mucha gente en un lugar // *ir de (puto) culo* loc. ir mal un asunto o persona // *ir hasta el culo* loc. haber consumido mucha droga o alcohol // *irse a tomar por el culo* loc. acabar mal un asunto, malograrse // *lamer el culo* loc. adular, halagar // *mandar a tomar por el culo* loc. expresión de enojo y rechazo // *meterse algo en el culo* loc. expresión de desprecio y enfado // *mojarse el culo* loc. intervenir, comprometerse // *mover el culo* loc. ponerse en acción, moverse // *partirse el culo* loc. reírse mucho // trabajar esforzadamente // *pasarse algo por el culo* loc. expresión de indiferencia // *pensar con el culo* loc. disparatar // *perder el culo* loc. mostrar un gran interés por algo o alguien; ir rápido // *ponerse hasta el culo* loc. consumir en exceso, en especial alcohol o droga // *traer de culo* loc. estar preocupado por algo o por alguien // *venir de culo* loc. venir en un mal momento algo // *¡vete a tomar por el culo!* loc. expresión de rechazo.

cumplir. intr. tener relaciones sexuales.

cunda. m. automóvil // f. (marg.) traslado de personas de una cárcel a otra // persona que lleva a drogadictos a comprar droga.

cuquis. (del inglés *cookies*) f. pl. archivos de algunos sitios web que se descargan en el ordenador para reconocer al usuario.

cura. *vivir como un cura* loc. vivir estupendamente.

curda. f. borrachera.

curdela. adj. borracho, ebrio.

currante. adj. y s. trabajador.

currar. intr. trabajar // intr. golpear, pegar // tr. (marg.) robar.

curre. m. trabajo // paliza // (marg.) robo.

currelar. *Véase* currar.

currelo. m. trabajo.

currito. m. trabajador // *dar un currito* loc. golpear, pegar.

curro. m. trabajo // paliza.

curvas. f. pl. silueta de una mujer atractiva.

cusca. *hacer la cusca* loc. molestar.

cusqui. *Véase* cusca.

cutre. adj. malo, sórdido, feo.

cutrerío. m. fealdad, miseria.

cutrez. *Véase* cutrerío.

D

dabuten. adj. estupendo, bueno.

dabuti. *Véase* dabuten.

dacoqui. adj. estupendo, bueno.

dado, da. *ir alguien dado* loc. salir desfavorecido, hacerse falsas ilusiones.

danone. m. (marg.) coche de policía.

dante. m. homosexual.

dar. *dale que te pego* loc. una y otra vez, insistentemente // *dar el pelotazo* loc. enriquecerse rápidamente // *dar el punto* loc. dejarse llevar por un impulso // *dar por el saco* loc. expresión de rechazo // *dar un baño* loc. denotar a un rival // *darle a algo* loc. hacer algo de manera habitual // beber // *darse aires* loc. alardear, presumir // *darse el lote* loc. besarse // *dársela con queso* loc. embaucar, engañar // *dárselas* loc. aparentar.

dátil. m. dedo.

datilear. tr. (marg.) robar, hurtar.

dealer. *Véase* díler.

dedillo. *saber algo al dedillo* loc. sabérselo de memoria.

dedo. *a dedo* loc. en autoestop; por decisión autoritaria de una o varias personas // *chuparse el dedo* loc. ser tonto, incauto, inocente // *hacer dedo* loc. hacer autoestop // *meterse el dedo* loc. masturbarse la mujer // *no mover ni un dedo* loc. no hacer nada, no ayudar // *pillarse los dedos* loc. sufrir las penurias de un riesgo.

dedocracia. f. elección de cargos de forma no democrática.

dejar. *dejar plantado* loc. no acudir a una cita // *dejarlo con alguien* loc. terminar una relación amorosa.

delantera. f. senos, pechos.

deletear. (del inglés *to delate*) tr. borrar, olvidar.

demasia(d)o. adv. increíble, excesivo, mucho.
demasié. *Véase* demasia(d)o.
demonio. *del demonio* loc. impresionante, terrible // *llevarse a uno los demonios* loc. enfadarse mucho.
depre. f. depresión // *estar depre* loc. estar deprimido.
derrotado, da. adj. cansado, agotado.
derrotarse. prnl. (marg.) confesar los propios delitos.
desaborío, ía. adj. y s. persona sin gracia, aburrida.
descapullar. intr. dejar el glande al descubierto // tr. (dro.) quemar el papel que cubre el extremo de un cigarrillo de hachís o marihuana.
descara(d)o. adj. seguro, sin duda.
descojonado, da. *estar descojonado* loc. reírse mucho // estar muy cansado.
descojonante. adj. divertido, gracioso.
descojonarse. prnl. reírse.
descojono. m. risa // m. caos, jaleo.
descolgado, da. adj. persona que no participa en las actividades de un grupo de amigos.
descolgarse. prnl. no ser partícipe de las actividades de un grupo de amigos // prnl. (dro.) abandonar el consumo de drogas.
desconectado, da. *estar desconectado* loc. estar despistado, no mantener relación con algo o con alguien.
descontado. *por descontado* loc. evidentemente.
descoñarse. *Véase* escoñarse.
descornarse. prnl. trabajar mucho.
descuidero, ra. m. y f. (marg.) ladrón que se aprovecha del descuido de la víctima para robar.
desemar. intr. (marg.) disfrazarse, disimular.
desembuchar. tr. contar, confesar.
desengancharse. prnl. abandonar el consumo de drogas.
desfasado, da. adj. antiguo, que no está a la moda.
desfasar. intr. excederse.
desfase. m. exceso, por lo general de alcohol y drogas.
desgraciar. tr. desvirgar.
desmadrado, da. adj. persona que transgrede las normas sociales.
desmadre. m. jaleo; descontrol.
desmelenarse. prnl. actuar sin recato ni inhibiciones.
despachar. tr. asesinar, matar // prnl. hablar con sinceridad.
desparrame. m. descontrol, exceso de consumo de drogas.
despatarrarse. prnl. estar una mujer disponible sexualmente.
despechugarse. prnl. mostrar el pecho desnudo.
despellejar. *despellejar vivo* loc. dar una paliza, maltratar duramente.

despelotado, da. adj. desnudo.

despelotarse. prnl. desnudarse // divertirse.

despelote. m. jaleo, caos.

despendolado, da. *estar despendolado* loc. actuar irreflexivamente, sin arreglo a las normas sociales.

despiporre. m. asombro // diversión.

desplumar. tr. robar, estafar.

destrangis. *Véase* extranjis.

destrempar. intr. perder el pene la erección // decepcionar, asombrar.

destripar. tr. robar // *destripar algo* loc. contar algo de tal manera que pierde su intriga.

destroyer. adj. y s. destructor, violento.

diablo. m. (marg.) calabozo // *¡vete al diablo!* loc. expresión de rechazo.

diarrea. *diarrea mental* loc. confusión mental.

dicar. tr. (marg.) mirar, ver.

diente. *darse con un canto en los dientes* loc. encontrarse afortunado, satisfecho // *hincar el diente* loc. probar; intentar solucionar un problema // *poner los dientes largos* loc. dar envidia.

diez. *me cago en diez* loc. expresión de enojo.

díler. (del inglés *dealer*) m. (dro.) traficante de drogas.

dinero. *blanquear dinero* loc. transformar el dinero de actividades delictivas en dinero de curso legal // *dinero negro* loc. dinero de procedencia ilegal.

diñar. tr. dar, entregar // *diñarla* loc. morir.

Dios. *armar la de Dios es Cristo* loc. preparar mucho alboroto // *hacer algo como Dios manda* loc. hacer algo de la forma correcta // *estar como Dios* loc. estar bien // *ni Dios* loc. nadie // *ni Dios que lo fundó* loc. en absoluto // *ni pa' Dios* loc. negación // *todo Dios* loc. todo el mundo // *vivir como Dios* loc. vivir muy bien.

diquelar. tr. (marg.) ver, observar // tr. (marg.) entender, comprender.

dire. m. y f. director.

disciplina. *disciplina inglesa* loc. (prost.) sadomasoquismo.

disco. m. regañina, perorata // f. discoteca // *parecer o ser un disco rayado* loc. parecer repetitivo y aburrido.

discotequero, ra. adj. y s. relativo a las discotecas o a su música.

disloque. *ser el disloque* loc. ser sorprendente, increíble // ser gracioso, divertido.

díver. adj. divertido.

D.J. (del inglés *disc-jockey*) com. persona que se encarga de poner música en un local // *DJ resident* loc. DJ habitual de un club o discoteca.

doblar. *doblarla* loc. morirse.

doble. m. (marg.) director de una prisión.

dólar. *montarse en el dólar* loc. hacerse rico.

dolorosa. f. cuenta, factura.
dómina. f. (prost.) ama, mujer dominante en las relaciones sadomasoquistas.
domingas. f. pl. pechos de la mujer.
dominguero, ra. m. y f. persona que sólo utiliza inexpertamente el automóvil en días festivos para salir de excursión.
dominio. m. parte del nombre jerárquico con que se conoce a cada entidad conectada a internet.
don. *ser un don nadie* loc. ser una persona sin importancia.
doña. f. esposa.
doparse. prnl. consumir drogas.
dormir. *dormir como un ceporro, un tronco, un lirón.* loc. dormir profundamente // *dormir la mona, dormirla* loc. dormir después de haber consumido alcohol.
dos. m. pl. testículos // *cada dos por tres* loc. frecuentemente, a menudo // *hacer el dos* loc. (marg.) hurtar, robar.
dotado. *estar bien dotado* loc. tener el pene grande.
drag-queen. m. travestido; hombre vestido de mujer.
drogata. com. (dro.) drogadicto.
drogota. *Véase* drogata.
dron. m. (marg.) camino, carretera.
dúplex. m. (prost.) escena lésbica para excitar a un cliente.
duro, ra. *¡anda y que te den dos duros!* loc. expresión de rechazo // *duro de pelar* loc. complicado; obstinado // *ponérsela dura* loc. excitar sexualmente hasta conseguir que el pene esté en erección // *tener cuatro duros* loc. tener poco dinero.

E

e-mail. m. correo electrónico.

echa(d)o, (d)a. *echa(d)o pa(ra) (de)lante (echao p'alante)* loc. persona atrevida, valiente.

echar. *echar a patadas* loc. despedir de mala forma // *echar chispas* loc. estar muy enfadado // *echar el guante* loc. atrapar, coger // *echar pa(ra) atrás* loc. asombrar, disgustar.

elementa. f. prostituta.

elemento, ta. adj. y s. persona peligrosa o que inspira desconfianza.

eliminar. tr. asesinar, matar.

embarque. m. situación complicada y confusa en la que una persona se ve implicada.

embola(d)o. m. situación difícil y complicada.

embolillado, da. adj. drogado.

embotellamiento. m. atasco, tráfico complicado.

embrague. *patinar el embrague* loc. estar loco, trastornado.

embutirse. prnl. comer en exceso // ponerse ropa muy ajustada.

eme. f. mierda, cosa de escaso valor // *¡vete a la eme!* loc. expresión de rechazo y enojo.

emilio. m. correo electrónico.

emoticón. m. formas simples de expresar emociones y estados de ánimo mediante la utilización de signos de puntuación.

empalmado. *estar empalmado* loc. tener el pene en erección // (marg.) llevar un arma blanca escondida.

empalmarse. prnl. poner el pene en erección // prnl. (marg.) llevar un arma oculta.

empanada. *empanada mental* loc. confusión mental.

empana(d)o, (d)a. atontado // *estar empana(d)o* loc. estar atontado, no enterarse de nada, estar confuso, distraído.

empanarse. prnl. enterarse.

empantanado, da. adj. trabajo acumulado y sin hacer.
empaparse. prnl. conocer, leer, enterarse.
empapelar. tr. castigar por cometer un delito // encarcelar.
empaquetar. tr. castigar, detener.
emparanoiado, da. adj. preocupado, obsesionado por algo.
empastillado, da. adj. persona que está bajo los efectos de las anfetaminas o similares.
empastillarse. prnl. tomar pastillas de droga sintética.
emperifollarse. prnl. vestirse ostentosamente.
empiltrarse. prnl. irse a la cama, acostarse.
empinar. prnl. poner el pene en erección // *empinar el codo* loc. beber alcohol.
emplantillar. tr. (marg.) esconder, ocultar.
emplumar. tr. multar, sancionar.
empollar. tr. (est.) estudiar mucho.
empollón, ona. adj. (est.) persona muy estudiosa.
empolvarse. prnl. (dro.) aspirar droga por la nariz.
emporrado, da. *estar emporrado* loc. estar bajo los efectos del hachís o la marihuana.
emporrarse. prnl. (dro.) fumar cigarrillos de hachís o marihuana.
empujar. intr. copular.
empurar. tr. castigar, sancionar.
enano, na. m. y f. niño // *crecer los enanos* loc. tener mala suerte // *disfrutar o divertirse como un enano* loc. disfrutar mucho.
encabritarse. prnl. enfadarse.
encabronarse. prnl. enfadarse.
encalomar. tr. colocar, endosar // prnl. (marg.) esconderse, ocultarse para robar.
encalomo. m. (marg.) robo en el que el ladrón se oculta previamente en un lugar.
encamarse. prnl. copular.
encanutado, da. adj. bajo los efectos del hachís o la marihuana.
encebollarse. prnl. obsesionarse, preocuparse.
encerrar. tr. (marg.) seguir a alguien para averiguar dónde vive.
enchiquerar. tr. (marg.) encarcelar.
enchironar. tr. (marg.) encarcelar.
enchocharse. intr. estar muy enamorado de una mujer.
enchufado, da. adj. persona recomendada, con influencias.
enchufar. tr. favorecer a una persona por encima de los demás.
enchufe. m. favoritismo, recomendación de una persona que carece de méritos propios para conseguir algo.
enchufismo. m. favoritismo, acción en la que se favorece a alguien en detrimento de los demás.

encoñado, da. adj. enamorado.
encoñamiento. m. enamoramiento.
encoñarse. prnl. estar muy enamorado.
encular. tr. (marg.) sodomizar.
endilgar. tr. endosar un problema.
endiñar. tr. dar, entregar // golpear, pegar // tr. cargar a otra persona con un asunto no deseado, endosar // *endiñarla* loc. introducir el pene.
enfilar. tr. tomar odio o antipatía a una persona.
enfundar. *enfundarla* loc. guardar el pene en la bragueta.
enganchado, da. *estar enganchado* loc. ser dependiente de algo o de alguien.
engancharse. prnl. ser dependiente // ser adicto a la droga.
engañabobos. m. timo, engaño.
engañar. tr. ser infiel a la pareja.
engendro. m. persona fea, horrorosa.
englobarse. prnl. enfadarse // prnl. (dro.) intoxicarse por consumo de drogas.
engrasar. tr. sobornar.
engrifarse. prnl. (dro.) estar bajo los efectos de una droga.
enjaular. tr. meter en la cárcel.
enlatado, da. adj. música o programa televisivo que no se emite en directo.
enmarronar. tr. implicar a alguien en un delito // prnl. encontrarse inmerso en una situación complicada.
enrollado, da. adj. persona simpática y extrovertida // *estar enrollado con alguien* loc. tener relaciones amorosas con alguien // *estar enrollado con algo* loc. estar ocupado o cautivado por algo.
enrollarse. prnl. hablar mucho // prnl. apasionar, gustar mucho // prnl. tener relaciones amorosas // prnl. entretenerse demasiado con algo // *enrollarse bien o mal* loc. llevar un asunto bien o mal // *enrollarse como las persianas* loc. hablar excesivamente.
ensalada. *ensalada mental* loc. caos, confusión mental.
entalegar. tr. (marg.) meter en la cárcel.
entendederas. f. pl. entendimiento, inteligencia.
entender. intr. ser homosexual // prnl. mantener relaciones sexuales.
enterado, da. m. y f. sabiondo, listo.
entierro. m. (marg.) timo con el que se pretende hacer creer a una persona, a través de una carta, que hay un tesoro escondido a cambio de un dinero anticipado.
entrada. f. (marg.) ingreso en prisión.
entrar. intr. intentar establecer contacto con un desconocido a través de la conversación.
entrepierna. f. sexo del hombre o de la mujer // *pasarse a alguien (o algo) por la entrepierna* loc. expresión que indica despre-

cio o indiferencia hacia alguien o algo.
entromparse. prnl. emborracharse.
entrullar. tr. (marg.) meter en la cárcel.
EP. (del inglés *extended play*) grabación discográfica que contiene solamente entre tres y seis canciones.
equipo. *caerse con todo el equipo* loc. fracasar estrepitosamente.
erre. *erre que erre* loc. insistentemente, obstinadamente.
escabechina. f. matanza, crimen // f. (est.) suspender muchas personas un examen.
escacharrarse. tr. estropearse.
escachiflado, da. p.p. roto, estropeado.
escamarse. prnl. sospechar perspicazmente algo.
escaparate. m. pechos de la mujer.
escaquearse. prnl. evitar el cumplimiento de un trabajo o una obligación.
escaqueo. m. elusión de una responsibilidad.
escena. *aparecer en escena* loc. llegar // *desaparecer de escena* loc. marcharse // morir // *montar una escena* loc. organizar un escándalo para llamar la atención.
esclavo, va. m. y f. (prost.) persona que adopta un papel pasivo en una relación sadomasoquista.
escoba. f. persona excesivamente delgada // *no vender una escoba* loc. no tener éxito.
escogorciarse. prnl. estropearse, hacerse daño // reírse mucho.
escoñarse. prnl. estropearse, malograrse.
escopetado, da. p.p. rápido, con prisa.
escote. *(pagar) a escote* loc. pagar cada uno lo suyo.
escribidor, ra. m. y f. escritor.
escupir. tr. contar todo lo que se sabe, confesar.
escurrir. prnl. pagar // prnl. eyacular // *escurrir el bulto* loc. evitar responsabilidades.
esférico. m. (dep.) balón.
esnifada. f. inhalación de droga en polvo por la nariz.
esnifar. tr. inhalar droga en polvo por la nariz.
espada. f. (marg.) ganzúa, llave falsa.
espadista. com. (marg.) ladrón que utiliza ganzúas para robar.
espalda. *espaldas mojadas* loc. inmigrantes mexicanos que cruzan la frontera a EE UU a través del Río Grande.
espandar. tr. romper ventanas o puertas para entrar a robar.
española. *hacerse una española* loc. masturbarse la mujer.
espárrago. *estar como un espárrago* loc. ser muy alto y delgado // *ir o mandar a freír espárragos a alguien* loc. despachar, despedir de malos modos.
espatarrarse. prnl. estar una mujer disponible sexualmente.
esperar. *de aquí te espero* loc. sorprendente, asombroso.

espeta. m. (marg.) inspector de policía.
espicharla. intr. morir.
espid. (del inglés *speed*) m. euforia // m. (dro.) anfetamina o sustancia similar // *espid bol* (dro.) mezcla de heroína y cocaína.
espídico, ca. adj. (dro.) persona que está bajo los efectos de una droga estimulante // adj. nervioso, activo.
espitoso, sa. adj. (del inglés *speed*) eufórico, contento, activo.
esponja. com. persona que bebe en grandes cantidades.
espuela. *echar la espuela* loc. tomar la última copa.
espumarajos. *echar espumarajos por la boca* loc. estar enojado, enfadado.
esqueleto. m. cuerpo // *mover o menear el esqueleto* loc. moverse, bailar.
esquín. *Véase* skinhead.
esquinazo. *dar esquinazo* loc. evitar a toda costa a una persona.
esquinera. f. prostituta.
estaca. f. pene // *plantar la estaca* loc. defecar.
estampa. f. (marg.) molde que sirve para fabricar una llave falsa // *cagarse en la estampa de alguien* loc. maldecir // *¡maldita sea tu estampa!* loc. expresión de rechazo.
estampita. f. timo en el que se intenta vender un sobre supuestamente lleno de dinero.
estar. *estar pa(ra) allá* loc. estar loco // estar por alguien // estar enamorado.
estaribel. f. (marg.) prisión, cárcel.
estirado, da. adj. vanidoso, presuntuoso.
estirarse. prnl. pagar, invitar.
estómago. *tener el estómago en los pies* loc. estar hambriento // *tener estómago para algo* loc. tener valor, atreverse.
estopa. *arrear, dar, repartir o sacudir estopa* loc. golpear, pegar.
estrecho, cha. adj. y s. persona que no desea mantener relaciones sexuales con facilidad, reprimido sexual // *hacerse el estrecho* loc. fingir no querer relaciones sexuales con alguien.
estrella. f. dosis de LSD con esta forma // *ir de estrella* loc. querer ser el centro de atención // *unos nacen con estrella y otros nacen estrellados* loc. la suerte no es igual para todos // *ver las estrellas* loc. doler intensamente.
estrenar. tr. desvirgar.
estriptis. (del inglés *strip-tease*) m. acción de desnudarse provocativamente al ritmo de la música.
estupa. m. (marg.) policía encargada de estupefacientes.
ex. m. y f. anterior cónyuge o pareja.
explotar. intr. tener un enfado incontrolable.
éxtasis. m. (dro.) variedad de LSD, droga sintética o de diseño.
extranjis. *de extranjis* loc. a escondidas.

F

fábula. *de fábula* loc. genial, estupendo.
facha. f. aspecto físico // adj. y s. fascista, persona de ideas conservadoras y reaccionarias.
fachada. f. apariencia física, aspecto.
Fachadolid. f. Valladolid.
fácil. adj. *ser una persona fácil* loc. ser una persona fácil de convencer de algo o estar muy disponible para mantener relaciones sexuales.
facilón, ona. adj. y s. *Véase* fácil.
facu. f. (est.) facultad universitaria.
faena. *estar en plena faena* loc. estar copulando // *hacer la faena* loc. fastidiar, perjudicar.
faldas. *asunto de faldas* loc. relaciones amorosas con mujeres.
falocracia. f. preeminencia del hombre en los ámbitos de poder público.
faltar. tr. insultar, ofender // *faltaría plus* loc. evidentemente, sin duda // *faltarle a uno un hervor* loc. ser una persona poco madura, tonta.
faltón, ona. adj. y s. persona que insulta y ofende a los demás.
fan. com. admirador, forofo.
fandango. m. lío, algarabía, jaleo.
fantasma. m. presumido, fanfarrón // *hacer el fantasma* loc. fanfarronear, presumir, aparentar.
fantasmada. f. asunto engañoso, tontería, fanfarronada.
fantasmear. intr. presumir, jactarse.
fardada. f. fanfarronada.
fardar. intr. presumir, alardear.
farde. m. alarde, ostentación.
fardón, ona. adj. presumido, engreído // bonito, elegante.
fario. *mal fario* loc. mala suerte.

farlopa. f. (dro.) cocaína.
farol. m. mentira, engaño // *marcarse, tirarse un farol* loc. mentir.
farolear. intr. engañar, mentir, presumir.
farra. f. juerga.
faros. m. pl. ojos // *echar los faros* loc. observar, mirar atentamente.
farruco, ca. adj. insolente, contestatario // *ponerse farruco* loc. ponerse a la defensiva.
fashion. adj. moderno, actual // *ser algo fashion* loc. ser algo moderno // *fashion victim* loc. persona que sigue con expectativa la moda.
fast food. f. comida rápida.
fati. adj. obeso, gordo.
fatigar. intr. trabajar.
favor. *estar alguien (como) para hacerle un favor* loc. ser una persona atractiva // *hacer un favor* loc. copular.
federico. m. frigorífico.
feeling. *Véase* filin.
feliciano. m. cópula // *echar un feliciano* loc. copular.
felpudo. m. vello púbico femenino // vagina.
fenómeno, na. adj. magnífico, muy bueno // adv. estupendamente.
feo, fea. *hacer un feo* loc. quedar mal con alguna persona // *ponerse feo* loc. ir mal un asunto // *ponerse fea la cosa* loc. empeorar una actividad o asunto // *ser más feo que Picio* loc. ser una persona nada agraciada físicamente.
fetén. adj. magnífico, genial // adv. estupendamente.
feto. m. feo, horroroso.
fiambre. m. cadáver.
fiambrera. f. depósito de cadáveres // funeraria.
ficha. com. individuo peligroso // delincuente con muchos antecedentes policiales.
fichado, da. *estar fichado* loc. contar con antecedentes policiales // *tener a alguien fichado* loc. conocer los intereses de una persona.
fichaje. m. persona inscrita en un grupo o actividad.
fideo. m. persona muy delgada.
fiera. *ser una fiera* loc. ser una persona hábil e ingeniosa // *ponerse como una fiera* loc. adoptar una persona una actitud agresiva y enojada.
fiesta. *darse la fiesta* loc. disfrutar sexualmente con otra persona // *no enterarse, no saber de qué va la fiesta* loc. desconocer algo totalmente // *tengamos la fiesta en paz* loc. expresión que indica que es preferible no dar problemas o no provocar controversias.
figura. m. persona hábil, diestra en algo.
fijo. adv. con certeza, seguro.
filar. tr. (marg.) mirar, observar// tr. (marg.) conocer las intenciones de alguien.
filete. *darse o pegarse el filete* loc. tocarse y besarse.

fili. m. (marg.) bolsillo // *fili de la cula* loc. bolsillo posterior del pantalón.
filin. (del inglés *feeling*) m. sentimiento // *haber filin entre alguien* loc. tener empatía, compenetración // *tener filin* loc. provocar sentimientos especiales.
filosa. f. (marg.) rostro, cara.
finde. m. fin de semana.
finolis. com. persona refinada y vanidosa.
firma. *ser algo de firma* loc. ser de una marca comercial reconocida.
fist-fucking. m. práctica homosexual que consiste en la introducción del puño y del antebrazo por el ano.
flai. m. cigarrillo de hachís o marihuana.
flaman. adj. estupendo, magnífico.
flamenco, ca. adj. valiente, orgulloso.
flan. *como un flan* loc. nervioso, alterado.
flaseado, da. *dejar o quedar flaseado* loc. sorprender.
flasear. intr. sorprender // (dro.) alucinar por consumo de drogas.
flash. sorpresa, susto // m. (dro.) sensación intensa producida por el consumo de drogas // *llevarse un flash* loc. sorprenderse, asustarse // *ser algo un flash* loc. ser algo sorprendente, inesperado.
flashazo. *llevarse un flashazo* loc. sorprenderse.
flauta. m. pene // bocadillo grande y alargado.
fláyer. (del inglés *flyer*) m. invitación o entrada para un local.
flete. m. coito // *echar un flete* loc. copular.
flipado, da. p.p. sorprendido, asombrado, pasmado // (dro.) persona que está bajo los efectos de una droga.
flipante. adj. sorprendente, increíble.
flipar. intr. encantar, gustar // sorprender // (marg.) estar bajo los efectos de una droga // *flipar en colores* loc. disfrutar o asombrarse mucho.
flipe. m. sorpresa, asombro // divertido // (dro.) alucinación producida por el consumo de una droga.
floja. *traérsela floja* loc. darle igual, no importarle.
florero. m. persona que ocupa un puesto de trabajo sin ninguna función, sólo de forma decorativa.
flores. f. pl. alabanzas // *ni flores* loc. en absoluto.
flyer. *Véase* fláyer.
foca. persona obesa y fea.
folclórico, ca. adj. llamativo, pintoresco // f. cantante de música popular española.
folio. *tirarse el folio* loc. alardear, jactarse.
follá. *tener mala follá* loc. tener mal carácter o malas intenciones.
follado, da. f. cópula, coito // *ir folla(d)o* loc. ir rápido, apurado.

follador, ra. persona que copula con frecuencia.
follaje. m. cópula.
follar. intr. copular // prnl. molestar, fastidiar // *que te folle un pez* loc. expresión que indica rechazo.
folleteo. m. coito, cópula.
follonero, ra. adj. y s. alborotador, pendenciero.
footing. *Véase* futin.
foqui-foqui. intr. fornicar, copular.
Foro. m. Madrid.
forofo. adj. y s. seguidor, aficionado.
forrado, da. *estar forrado* loc. tener mucho dinero.
forrarse. prnl. enriquecerse.
forro. m. preservativo // *pasarse algo por el forro de los cojones, de los huevos* loc. expresión que indica menosprecio o indiferencia.
fosfatina. *estar hecho fosfatina* loc. estar muy cansado // *hacer fosfatina a alguien* loc. dañar, perjudicar.
fostión. m. golpe fuerte.
fostiar. tr. golpear, pegar.
fotero, ra. m. y f. fotógrafo.
francés. m. (prost.) felación.
franchute, ta. m. y f. francés.
frasco. *¡toma del frasco, carrasco!* loc. expresión que indica alegría ante un acontecimiento adverso que le ha ocurrido a otra persona.
free-lance. *Véase* frilans.
fregado. m. situación complicada o liosa.
freír. intr. asesinar, matar a tiros // *mandar a freír espárragos* loc. expresión de rechazo.
frente. *adornar la frente* loc. ser infiel a la pareja // *tener dos dedos de frente* loc. ser torpe o poco inteligente.
fresco, ca. adj. y s. sinvergüenza, atrevido // *traer al fresco* loc. ser indiferente.
frilans. (del inglés *free-lance)* adj. y s. persona que trabaja por cuenta propia, autónomo.
frío, a. adj. persona distante y poco sensible // *hacer un frío que te cagas, que pela* loc. hacer mucho frío // *quedarse frío* loc. morirse.
friqui. (del inglés *freaky*) adj. y s. persona con alguna tara física o mental, o con un comportamiento poco habitual, extravagante // (fútbol) lanzamiento de falta directa.
frito, ta. *estar o quedarse frito* loc. dormirse, morirse // *tener, traer frito* loc. hartar, aburrir.
frotársela. loc. masturbarse el hombre.
fu. *ni fu, ni fa* loc. a medias, ser algo indiferente.
fudre. *estar hecho un fudre* loc. estar borracho.
fuerte. adj. asombroso, sorprendente // *¡qué fuerte!* loc. expresión que muestra asombro.
ful. adj. falsificado, de mala calidad // *ful de Estambul* loc. engaño, falsedad // hachís de mala calidad.

fulaneo. m. prostitución.
fulano, na. m. y f. persona, individuo // m. y f. amante // f. prostituta.
fulero, ra. m. y f. (falso), mentiroso, embustero // (marg.) timador, estafador.
fumado, da. adj. (dro.) persona que se encuentra bajo los efectos del hachís o de la marihuana.
fumarse. prnl. realizar el coito // *fumarse la clase* loc. no asistir a clase.
fumata. f. (dro.) consumo en grupo de cigarrillos de hachís o marihuana.
fumeque. m. (dro.) consumo de cigarrillos de hachís o marihuana.
fumeta. (dro.) consumidor habitual de cigarrillos de hachís o marihuana.
funcionar. intr. tener las facultades físicas para realizar la cópula.
funda. f. preservativo.
fundirse. prnl. derrochar el dinero // *fundírsele los plomos a alguien* loc. perder la fuerza, la paciencia.
funguelar. intr. (marg.) heder, apestar.
furcia. f. prostituta.
fusca. f. (marg.) revólver, pistola.
fusco. m. (marg.) pistola.
fusil. *limpiar el fusil* loc. copular.
fusilar. tr. copiar, plagiar.
futin. (del inglés *footing*) *hacer futin* loc. correr.

G

gabacho, cha. adj. y s. francés.
gabardina. f. preservativo.
gabi. m. (marg.) comida // *gabis* m. y pl. garbanzos.
gachas. *echar las gachas* loc. vomitar.
gache/gachi. m. (marg.) pueblo.
gachí. f. mujer.
gachó. m. hombre.
gafado, da. m. y f. *estar gafado* loc. atraer la mala suerte.
gafar. tr. traer mala suerte.
gafotas. com. persona con gafas.
gafudo, da. adj. y s. persona con gafas.
gaita. f. problema, molestia, fastidio // f. (marg.) billetero, cartera // *¡déjate de gaitas!* loc. expresión para indicar que no se admiten más excusas.
galería. *de cara a la galería* loc. hacia el exterior, en público.
gallarda. f. masturbación.
galleta. f. tortazo, bofetada.
gallina. com. miedoso, cobarde // *cantar la gallina a alguien* loc. regañar, reprender // *ser más puta que las gallinas* loc. ser una mujer promiscua.
gallinero. m. butacas agolpadas e incómodas del último piso de un local de espectáculos.
gallito. m. pendenciero, presumido, bravucón // m. nota discordante al hablar o cantar.
gallo. m. persona presumida, brava // *en menos que canta un gallo* loc. velozmente, rápidamente // *otro gallo nos cantara, otro gallo cantaría* loc. mejor hubiera ido a alguien algo.
gallofa. f. embuste, mentira.
gallumbos. *Véase* gayumbos.
gamba. f. (marg.) pierna // *hacer el gamba* loc. hacer el tonto, bromear // *hacer la gamba* loc. (marg.) arrestar, detener // *meter la gamba* loc. equivocarse.

gana. *no dar a alguien la (real) gana* loc. no querer hacer algo // *tenerle ganas a alguien* loc. esperar un confrontamiento con alguien, detestar.

ganado. m. gente, personas.

ganar. *llevar las de ganar* loc. tener todas las facilidades para triunfar // *no ganar para sustos o disgustos* loc. recibir una mala noticia tras otra //*¡que te la ganas!* expresión que indica amenaza o reprimenda a una persona.

gancho. m. cómplice de un delincuente // persona que intenta atraer o persuadir a otra.

gandulitis. f. pereza, holgazanería.

ganga. *ser una ganga* loc. estar a buen precio, ser barato.

ganja. f. (dro.) marihuana.

ganso, sa. adj. y s. enorme, grande // bromista // *hacer el ganso* loc. bromear, hacer el tonto.

gapo. m. escupitajo.

gara. f. (marg.) estación de ferrocarril.

garbanzos. m. pl. sueldo, trabajo, sustento económico // *cambiar el agua a los garbanzos, Véase* agua.

garbeo. m. paseo, vuelta.

garete. *irse al garete* loc. malograrse, fracasar.

gárgaras. *irse, mandar a hacer gárgaras* loc. rechazar de mala forma.

garibolos. m. pl. (marg.) garbanzos.

garimba. f. cerveza.

garito. m. bar, cafetería, local.

garra. f. mano // *tener garra* loc. ser atrayente, interesante.

garrafa. *de garrafa* loc. bebida adulterada o de mala calidad.

garrafón. m. bebida adulterada o de mala calidad.

garrulo, la. adj. y s. persona sin modales, vulgar, tosca.

gas. m. pl. ventosidades // *ir a todo gas* loc. ir rápidamente.

gasofa. f. gasolina.

gastar. *gastárselas* loc. tener mal carácter.

gatillazo. m. impotencia sexual transitoria del hombre durante el coito.

gato, ta. m. y f. madrileño // *buscar los tres pies al gato* loc. sacar de quicio, buscar problemas y complicaciones donde ya las hay // *dar gato por liebre* loc. estafar, engañar // *haber cuatro gatos* loc. haber poca gente // *tener gato a alguien* loc. tener manía o animadversión a alguien.

gareta. f. comida del rancho carcelario.

gavetero, ra. m. y f. (marg.) preso, recluso.

gay. adj. y s. homosexual.

gayola. f. masturbación // *hacerse una gayola* loc. masturbarse.

gayumbas. f. pl. bragas.

gayumbos. m. pl. calzoncillos.

gazuza. f. hambre.

gena. f. (dro.) producto usado para adulterar el hachís. // f. (dro.) hachís de mala calidad.

gente. *gente bien* loc. personas de vida acomodada, con recursos económicos // *gente gorda* loc. gente importante o influyente.

gerundio. *andando, arreando... que es gerundio* loc. expresión de énfasis o refuerzo de la oración.

gibar. tr. molestar, fastidiar, incordiar.

gigoló. m. hombre que se prostituye, que intenta sacar provecho económico de una mujer adinerada.

gil. *Véase* gili.

gili. m. tonto, incauto.

giliflautas. *Véase* gilipollas.

gilipichas. *Véase* gilipollas.

gilipichis. *Véase* gilipollas.

gilipollada. f. estupidez, bobada.

gilipollas. adj. y s. lelo, tonto.

gilipollear. intr. hacer bobadas, sandeces.

gilipollez. f. bobada, estupidez.

gilipuertas. *Véase* gilipollas.

gilitonto, ta. *Véase* gilipollas.

gimnasia. *confundir la gimnasia con la magnesia* loc. confundir dos cosas muy diferentes.

giñar. *Véase* jiñar.

girar. intr. apestar, heder.

gitano. *estar hecho un gitano* loc. ser embaucador, astuto // *ir hecho un gitano* loc. ir sucio, mal vestido.

glam. adj. seductor, atractivo // m. movimiento musical y estético de los años setenta.

glamur. (del inglés *glamour*) m. magia seductora, encanto.

glamuroso. adj. seductor, encantador.

globo. m. preservativo // estado de intoxicación producido por alcohol o drogas // m. y pl. pechos grandes.

gloria. f. (dro.) marihuana // *estar en la gloria* loc. estar bien, cómodo.

gobi. f. jefatura de policía, comisaría.

gogó. com. bailarín o animador contratado en discotecas.

gol. *gol cantado* loc. (fútbol) gol frustrado en el último instante // *gol fantasma* (fútbol) loc. gol dudoso, que no se sabe si se ha producido o no // *meterle un gol a alguien* loc. vencer en una determinada situación a una persona, replicar con agudeza.

golazo. m. (fútbol) gol conseguido tras una buena jugada o por un disparo potente.

golfa. f. prostituta, mujer promiscua.

golferas. adj. y s. sinvergüenza, vividor.

golfo. m. sinvergüenza, vividor.

golpe. m. atraco, robo // *a golpe de alpargata* loc. caminando a pie // *dar un golpe* loc. cometer un robo // *dar un golpe bajo a alguien* loc. recurrir a un tema sensible para hacer daño a alguien // *no dar ni golpe* loc. no hacer nada, holgazanear.

goma. f. preservativo // (dro.) hachís de excelente calidad // f. policía.

gorderas. *Véase* gordinflón.

gordinflas. *Véase* gordinflón.

gordinflón, ona. adj. y s. persona obesa.

gordo, da. adj. importante, grande // m. primer premio de la lotería nacional // *armarse la gorda* loc. empezar un alboroto o una riña // *caerle gordo a alguien* loc. resultar antipático a alguien // *estar gorda* loc. estar embarazada // *hacer la vista gorda* loc. pasar por alto, omitir // *ni gorda* loc. nada.

gorigori. m. alboroto, jaleo // m. canto fúnebre.

gorila. m. hombre fuerte, musculoso // guardaespaldas, agente de seguridad // m. (dro.) síndrome de abstinencia de una droga.

gorra. *de gorra* loc. gratis // *vivir de gorra* loc. vivir a costa de los demás.

gorrear. tr. sacar provecho de los demás.

gorrero, ra. m. y f. persona que vive a costa de los demás.

gorro. *estar hasta el gorro de alguien* loc. estar harto de alguien // *ponerse hasta el gorro* loc. hartarse de algo, saciarse.

gorrón, ona. adj. y s. persona que abusa de los demás.

gorronear. tr. sacar provecho de los demás, vivir a costa de los demás.

gota. f. (dro.) LSD líquido // *como dos gotas de agua* loc. similares, parecidos // *sudar la gota gorda* loc. sudar mucho, esforzarse mucho.

gozada. f. maravilla, satisfacción.

graffiti. m. forma de arte transitorio e ilegal que consiste en pintar en lugares de propiedad pública o privada.

grajo. m. cura, sacerdote.

grande. *a lo grande* loc. lujosamente, sin reparos económicos // *de los grandes* loc. billete de máximo valor.

grano. *ir al grano* loc. centrarse en lo más importante de un asunto.

griego. m. (prost.) coito anal.

grifa. f. (dro.) hachís, marihuana, en especial proveniente de Marruecos.

grifota. com. (dro.) consumidor habitual de marihuana.

grillado, da. adj. y s. ido, loco, trastornado.

grillarse. prnl. volverse loco, trastornarse.

grillera. f. (marg.) furgón policial.

grillos. m. pl. (marg.) esposas.

grilo. m. (marg.) bolsillo.

gris. m. frío // m. pl. policía armada de la época franquista.

grogui. *estar, quedarse, dejar grogui* loc. estar dormido, atontado.

grima. f. repugnancia // *dar grima* loc. dar asco, repugnancia.

grito. *a grito pela(d)o* loc. a grandes voces.
grupi. (del inglés *groopy*) com. persona que acompaña a un grupo musical en su gira.
gruta. f. local preparado para prácticas sadomasoquistas.
guachi. adj. bueno, excelente.
guagua. m. autobús.
guaje. m. muchacho, chico.
gualdrapa. *Véase* gualtrapa.
gualtrapa. com. persona vulgar.
guano. *mandar al guano* loc. despachar, despedir, rechazar con enfado.
guante. *echar el guante* loc. detener, arrestar // *sentar como un guante* loc. sentar muy bien.
guaperas. adj. y s. guapo, atractivo.
guardapolvos. m. genitales femeninos.
guarra. adj. y s. mujer promiscua o detestable.
guarrada. f. acción malintencionada // obscenidad.
guarreras. adj. y s. persona indeseable // obsceno.
guarrindongo, ga. adj. y s. persona poco aseada.
guarro, rra. m. y f. persona poco higiénica // indeseable.
guay. adj. genial, bueno // adv. bien // *guay del Paraguay* loc. excelente.
guayabo. m. joven, muchacha.
guerra. *dar guerra* loc. molestar, fastidiar // *pedir guerra* loc. provocar sexualmente.
guil. m. dinero.
guillarse. prnl. escapar, huir, marcharse.
guinda. m. ladrón.
guindar. tr. hurtar, robar // engañar.
guinde. m. robo.
guindilla. m. (marg.) policía municipal.
guindón. m. ladrón.
guiñapo. *estar, dejar hecho un guiñapo* loc. estar agotado, sin fuerzas.
guipar. tr. mirar, ver.
guiri. com. extranjero, turista.
guirilandia. m. el extranjero.
guita. f. dinero.
güitos. m. pl. testículos.
guri. m. (marg.) miembro de la policía, guardia civil.
guripa. m. (marg.) miembro de la policía, guardia civil, vigilante.
gurú. com. persona a la que se le reconoce autoridad en algún tema.
gusa. f. hambre.
gusanero, ra. m. y f. cementerio.
gusanillo. *matar el gusanillo* loc. satisfacer una curiosidad, saciar el hambre o la sed.
gusano. m. persona despreciable // m. sereno, vigilante // m. programa que se duplica y propaga a través de internet // *criar gusanos* loc. estar enterrado.
gustirrinín. m. cosa placentera.
gusto. *correrse, mearse del gusto* loc. sentir gran placer // *estar, ponerse a gusto* loc. encontrarse bajo los efectos de una droga.

H

haba. m. pene.
hacer. tr. (marg.) robar, hurtar // *hacérselo con alguien* loc. copular, fornicar.
hacha. m. persona que destaca en algo.
hacker. *Véase* jáker.
hambre. f. apetencia sexual // *ser más listo que el hambre* loc. ser muy listo.
hambriento, ta. adj. persona con mucho apetito sexual.
heavy. adj. fuerte, duro, extremo // seguidor del rock heavy y de su estética.
hebra. *pegar la hebra* loc. conversar, hablar.
hebreo. *jurar en hebreo* loc. maldecir.
hermano. *hermano pequeño* loc. pene.
herramienta. f. pene // (marg.) arma.
hervor. *faltarle a alguien un hervor* loc. ser poco maduro, tonto.
hetero. adj. heterosexual.
hierba. f. marihuana, cannabis.
hierro. m. (marg.) arma de fuego // (marg.) palanca para forzar puertas.
hígado. *echar el hígado* loc. esforzarse en un asunto.
higo. m. vagina, genitales femeninos // *tonto del higo* loc. tonto, bobo.
higuera. *estar, vivir en la higuera* loc. no enterarse de nada, distraerse con facilidad.
hijo. *cualquier, todo hijo de vecino* loc. cualquiera, todo el mundo // *hijo de la Gran Bretaña* loc. expresión eufemística de hijo de puta // *hijo de la gran puta* loc. expresión que indica rechazo o enojo hacia otra persona // *hijo de papá* loc. persona de clase acomodada, que lleva una vida fácil, mimado // *hijo de perra* loc. mala persona, indeseable // *tomar por el hijo de la portera* loc. menospreciar.

hijoputa. com. estúpido, indeseable.
hijoputada. f. faena, acción malintencionada.
hincar. *hincar el pico* loc. fallecer // *hincarla* loc. trabajar, morir // *hincársela a alguien* loc. copular el hombre.
hincha. f. odio // com. seguidor de un equipo deportivo.
hinchar. tr. molestar, fastidiar // *hinchar a uno las narices* loc. enfadar // *no haber más narices* loc. no haber más remedio.
hipo. *...que quita el hipo* loc. bueno, sorprendente.
hip-hop. m. cultura urbana cuyas máximas expresiones son el graffiti y la música rap.
historia. f. asunto, cuestión // mentira, excusa.
hocico. m. labios // *meter el hocico en algo* loc. entrometerse.
hombre. m. (prost.) proxeneta // *hombre de paja* loc. persona que encubre bajo su cargo al auténtico responsable de algo // *hombre de pelo en pecho* loc. viril, masculino // *hombre hecho y derecho* loc. hombre maduro, formado.
hombro. *arrimar el hombro* loc. trabajar, cooperar en algo.
homo. m. homosexual.
hooligan. *Véase* júligan.
hora. *hora muerta* loc. pausa, tiempo libre // *ir con la hora pegada al culo* loc. ir mal de tiempo // *no dar ni la hora* loc. ser tacaño, avaro.
horizontal. f. prostituta.
hormiga. f. persona trabajadora y constante // f. (marg.) contrabandista de pequeñas dosis de droga en numerosos viajes.
horno. m. lugar muy caluroso // m. (marg.) celda de castigo // *no está el horno para bollos* loc. no ser la ocasión idónea para algo.
horror. adv. mucho // *horrores* adv. mucho.
hortera. com. persona con mal gusto // adj. vulgar, de mal gusto.
horterada. f. acción vulgar o de mal gusto.
¡hosti! interjección eufemística de hostia.
hostia. f. golpe fuerte // puñetazo, bofetada // expresión de asombro, sorpresa o enojo // *a toda hostia* loc. rápidamente // *darse, pegarse una hostia* loc. darse un golpe // *de la hostia* loc. grande, importante, maravilloso // *dejarse de hostias* loc. no utilizar excusas, tonterías // *estar de mala hostia* loc. estar enfadado, de mal humor // *¡hostia(s)!* expresión de asombro o enojo // *ir echando o cagando hostias* loc. ir rápidamente // *la hostia de...* loc. grande, mucho // *la hostia puta* expresión de enfado // *mala hostia* loc. mal humor, enfado, malas intenciones // *¡me cago en la hostia!* exclamación de enfado // *meter, pegar una hostia* loc. golpear, pegar // *ni hostia(s)* loc. nada // *no haber más hostias (que valgan)* loc. no tener otra solución alternativa // *¡qué hostias!* exclama-

ción de refuerzo o indiferencia ante algo // *salir echando o cagando hostias* loc. salir rápidamente // *ser la hostia* loc. ser algo o alguien sorprendente, inaudito.

hostiar. tr. pegar, golpear.

hostión. m. golpe, puñetazo, bofetada.

hotel. m. (marg.) prisión, cárcel.

hueca. f. (marg.) homosexual.

huerto. *llevar al huerto* loc. embaucar, engañar, timar // copular, fornicar.

hueso. m. asunto o materia difícil y complicada // *estar, quedarse en los huesos* loc. estar muy delgado // *ser un hueso* loc. ser un asunto o persona difícil.

huevada. f. tontería, bobada // testículos // mucho, gran cantidad.

huevamen. m. testículos.

huevazos. m. hombre pusilánime, indeciso, conformista // con testículos grandes.

huevo. m. testículo // mucho // (dro.) porción de hachís que se pasa oculta por vía anal o vaginal // *a huevo* loc. fácil, sin complicaciones // *caer, sentar como una patada en los huevos* loc. sentar mal // *chúpame un huevo* loc. expresión de rechazo o indiferencia // *con huevos* loc. con valor y decisión // *costar un huevo* loc. ser muy caro // *echarle huevos* loc. actuar con coraje y valentía // *estar hasta los huevos* loc. estar harto // *hacer algo cuando a uno le sale de los huevos* loc. hacer algo cuando a uno le apetece // *hinchársele a alguien los huevos* loc. hartarse, enfadarse // *importar un huevo* loc. no importar nada // *¡manda huevos!* loc. expresión de asombro o rechazo // *no tener más huevos* loc. no tener más remedio // *no valer ni un huevo* loc. no valer nada // *¡olé tus huevos!* loc. exclamación que se usa para animar a alguien o como expresión de alegría y asombro // *pisar huevos* loc. ser lento, despistado // *poner o dejar a huevo* loc. poner fácilmente // *poner un huevo* loc. defecar // *por huevos* loc. a la fuerza, obligatoriamente // *saber un huevo* loc. saber mucho // *salir de los huevos* loc. apetecer, querer // *tener (un par) de huevos* loc. ser valiente, osado // *tocar los huevos* loc. importunar, molestar // *tocarse los huevos* loc. vaguear, holgazanear // *¡y un huevo!* expresión de rechazo y disconformidad.

huevón, ona. adj. y s. indolente, tranquilo.

huevudo, da. adj. estupendo, excelente.

húmeda. f. lengua.

humo. *bajarle a uno los humos* loc. controlar, dominar a alguien // *darse humos de algo* loc. presumir // *tener alguien muchos humos* loc. ser orgulloso.

humor. *humor de perros* loc. mal carácter.

hurón, ona. m. y f. (marg.) jefe // f. (marg.) prostituta.

I

idea. *no tener ni (puta) idea* loc. no saber nada // *no tener ni zorra (idea)* loc. no saber nada // *tener ideas de bombero, de casquero* loc. tener ideas absurdas y descabelladas.
iglesia. *casarse por detrás de la iglesia* loc. ser pareja de hecho, convivir sin estar casados // *pasar por la iglesia* loc. casarse.
iguales. m. pl. miembros de la guardia civil. // m. pl. cupones de la ONCE.
ilu. f. ilusión, alegría.
impepinable. adj. indiscutible, incuestionable.
impermeable. m. preservativo.
in. *estar in* loc. estar vigente, estar de moda // *ser (lo más) in* loc. ser lo último, lo más actual y a la moda.
indio. *hacer el indio* loc. hacer bobadas.
infanticida. com. pederasta.
infarto. *de infarto* loc. sorprendente, impresionante.
inflagaitas. *Véase* inflapollas.
inflapollas. com. necio, estúpido.
inflar. tr. golpear.
inflarse. intr. comer en exceso, engordar // intr. hartarse.
ingeniero, ra. m. y f. presuntuoso, altivo.
inglés. m. (prost.) servicio sadomasoquista.
inopia. *estar en la inopia* loc. distraerse, estar pensando en otras cosas.
inri. *para más inri* loc. para más desgracias, para colmo.
insti. (est.) m. instituto.
instrumento. m. pene.
insulina. f. jeringuilla.
invento. *joderse, jorobarse el invento* loc. estropearse un asunto.
ir. prnl. eyacular, tener un orgasmo // ventosear, defecar // morirse // *¿de qué vas?* loc. expre-

sión de enfado // *ir a por todas* loc. intentarlo por todos los medios posibles // *ir alguien que arde* loc. bastar, tener suficiente // *ir alguien que chuta* loc. ir muy rápido // *ir dado* loc. tener posibles problemas, complicaciones // *ir de algo alguien* loc. fingir, aparentar // *ir echando leches* loc. ir muy rápido // *ir folla(d)o* loc. ir muy rápido // *ir uno que se mata* loc. bastar, tener suficiente // *irle a uno* loc. gustar // *irse de rositas* loc. irse sin pagar, irse sin medir las consecuencias.

isidro. adj. y s. persona simple, palurda.

italianini. adj. y s. italiano.

J

ja. f. (marg.) mujer.
jabón. *dar jabón* loc. adular, halagar.
jaca. f. mujer atractiva.
jaco. m. (dro.) heroína.
jai. f. (marg.) mujer // magrebí.
jaimito. m. niño travieso y gracioso // m. (dro.) compuesto derivado de la morfina.
jáker. (del inglés *hacker*) com. pirata informático.
jala. f. comida.
jalador, ra. adj. y s. persona que come en abundancia // m. y f. comprador de objetos robados.
jalar. tr. comer // tr. (marg.) huir, correr.
jalón. m. robo mediante tirón.
jalonero, ra. m. y f. (marg.) ladrón que realiza un robo mediante un tirón.
jalufa. f. (marg.) hambre.
jalufar. tr. (marg.) comer.
jalufo. m. (marg.) carne de cerdo // m. (marg.) comida mala.
jamacuco. m. estado de ansiedad y nerviosismo // dolor agudo.
jamada. f. comida.
jamancia. *Véase* jamada.
jamar. tr. comer.
jamás. *jamás de los jamases* loc. nunca jamás.
jambo, ba. m. y f. (marg.) individuo, persona // hombre o mujer.
jamelgo. m. heroína.
jamón. *¡y un jamón!* loc. expresión de negación e incredulidad.
jamona. adj. y ú.t.c.s. mujer de piernas y caderas amplias.
japo. adj. y s. japonés.
jarabe. m. médico // *jarabe de palo* loc. golpe, castigo.
jarales. m. pl. (marg.) pantalones.
jarana. f. jaleo, alboroto, fiesta.
járcor. (del inglés *hardcore*) m. pornografía dura // m. tipo de rock duro.
jari. m. (marg.) altercado, alboroto, jaleo.

jartá. f. atracón de comida.
jas. m. (dro.) hachís.
jaula. f. celda, cárcel, prisión.
jebe. m. (marg.) trasero, nalgas.
jena. *Véase* gena.
jeringar. tr. molestar.
jeta. f. cara, rostro // adj. y s. sinvergüenza, caradura // *por la jeta* loc. gratis, sin coste.
jet. *Véase* yet.
jevy. *Véase* heavy.
jibar. tr. fastidiar, molestar.
jibia. m. (marg.) homosexual.
jicho, cha. m. y f. (marg.) hombre, mujer // individuo, persona // (marg.) funcionario de prisiones.
jincho, cha. m. y f. drogadicto.
jinda. f. (marg.) temor, miedo.
jindama. f. (marg.) temor, miedo.
jinetera. f. prostituta.
jiña. f. excremento // f. miedo // f. (marg.) borrachera.
jiña(d)o, (d)a. adj. y s. miedoso, cobarde.
jiñar. tr. defecar // prnl. tener miedo.
jipar. *Véase* jipiar.
jipiar. tr. ver, observar.
jipioso, sa. adj. y s. de aspecto desaliñado, hippie.
jirafa. f. persona muy alta.
¡jo! interj. expresión de admiración, sorpresa o desacuerdo.
¡jobar! interj. expresión de admiración, sorpresa o desacuerdo.
jodedor, ra. adj. persona que copula asiduamente.
joder. tr. copular, fornicar // prnl. molestar, fastidiar, importunar // prnl. estropear, romper // prnl. frustrar, malograr // *¡a joderse (tocan)!* loc. expresión que indica resignación // *¡hay que joderse!* loc. expresión que indica contrariedad, asombro o enfado // *jodamos, que todos somos hermanos* loc. réplica a la expresión ¡joder! // *¡joder!* interj. expresión de asombro, enojo. // *joderla* loc. fastidiar, estropear un asunto // *joder la marrana* loc. molestar, importunar // *jódete y baila* loc. expresión de alegría por un hecho adverso ocurrido a otra persona // *¡no te jode!* loc. expresión de rechazo y desprecio // *¡nos ha jodido!* loc. claro, evidentemente; expresión que indica cierto desprecio por alguna evidencia formulada por otra persona.
jodido, da. adj. indeseable, despreciable, maldito // difícil, complicado // *estar jodido* loc. estar roto, estropeado // estar enfermo // encontrarse en una situación de difícil solución.
jodienda. f. fastidio, molestia // cópula, coito.
¡jodo! interj. expresión que indica asombro o enojo // *¡jodo petaca!* loc. expresión de asombro o enojo.
jogging. *Véase* yoguin.
join. *Véase* joint.
joint. *Véase* yoint.
¡jolín! interj. expresión de asombro o enojo.

¡jolines! *Véase* ¡jolín!
jonkie. *Véase* yonqui.
¡jopé! interj. expresión de asombro o enojo.
¡jopelines! *Véase* ¡jopé!
¡joroba! interj. expresión de sorpresa, malestar o contrariedad.
jorobar. tr. molestar, fastidiar // tr. estropear, romper // prnl. aguantarse, fastidiarse.
jota. *no entender o saber ni jota* loc. no entender nada.
judiada. f. faena, acción mal intencionada.
judío, a. m. y f. tacaño, avaro.
jugar. *jugarse el tipo* loc. exponerse a un peligro, arriesgarse // *jugársela a alguien* loc. cometer una acción dañina contra alguien // engañar // ser infiel a la pareja.
jujana. f. (marg.) engaño, mentira // *de jujana* loc. (marg.) de broma.
jula. adj. y s. (marg.) novato, inocente, incauto // (marg.) víctima de un robo o estafa // (marg.) homosexual.
julai. *Véase* julay.
julandras. com. persona inexperta.
julandrón, ona. adj. y s. (marg.) incauto, inexperto, novato // m. (marg.) homosexual.
julay. adj. y s. persona indeseable // incauto, ingenuo // com. (marg.) víctima de un robo o estafa.
júligan. (del inglés *hooligan*) com. aficionado al fútbol de carácter violento, gamberro.
jumear. intr. oler mal, heder, apestar.
jumelar. *Véase* jumear.
junar. tr. mirar, ver // entender, comprender.
jundó. m. (marg.) miembro de la guardia civil.
junelar. tr. mirar, ver.
junkie. m. (dro.) drogadicto.
juntarse. prnl. convivir sin estar casados.
jupata. f. chaqueta, abrigo.
jurar. *jurar en arameo* loc. maldecir.
jurdós. m. pl. (marg.) dinero.
juzgado. *ser algo de juzgado de guardia* loc. ser algo grave o disparatado.

K

kao. m. (boxeo) fuera de combate // *dejar kao* loc. dejar agotado, cansado // dejar inconsciente.
keli. *Véase* queli.
kelo. *Véase* quelo.
kíe. *Véase* quíe.
kif/kifi. m. (dro.) cannabis o marihuana triturada.
kiki. *Véase* quiqui.
kíler. (del inglés *killer)* m. (marg.) asesino.
kilo. m. un millón de pesetas.
kinki. *Véase* quinqui.
kitsch. adj. horroroso, de mal gusto, hortera.
kunda. *Véase* cunda.

L

labia. f. facilidad de expresarse oralmente una persona.
labor. *no estar por la labor* loc. no querer hacer algo.
laboratorio. m. (marg.) celda de aislamiento de una cárcel.
lacha. f. (marg.) vergüenza.
lacorro, rra. m. y f. (marg.) niño de corta edad.
ladilla. *ser una ladilla* loc. ser una persona fastidiosa e inoportuna.
lado. *dar de lado a alguien* loc. ignorar a alguien // *escupir de medio lado* loc. ser vanidoso o bravucón.
ladrar. tr. (marg.) delatar.
ladrillo. m. asunto, persona o cosa aburrida y pesada // m. libro voluminoso // m. (dro.) trozo de hachís de unos 250 gramos.
lagarto, ta. m. y f. persona astuta y perversa // m. (marg.) miembro de la guardia civil.
lait. (del inglés *light*) adj. suave, bajo en calorías.
lama. f. (marg.) plata.
lameculos. com. persona aduladora y rastrera.
lamer. tr. realizar el sexo oral // ... *que no se lame* loc. importante, grande.
lamida. f. felación // cunnilinguo.
lampar. intr. (marg.) no tener dinero, mendigar.
lámpara. f. mancha en la ropa.
lana. f. dinero.
langui. adj. y s. (marg.) cojo.
lanoso. m. (marg.) jersey.
lanzado, da. adj. y s. persona atrevida y emprendedora.
lapa. *pegarse como una lapa* loc. no separarse de alguien // *ser una lapa* loc. estar continuamente al lado de alguien.
lapicero. m. pene.
lapo. m. escupitajo, gargajo.

larga. f. (marg.) carretera // f. (marg.) lengua.

largar. intr. hablar, contar // prnl. irse, marcharse // *¡lárgate!* expresión de rechazo.

largas. *dar largas a alguien* loc. aplazar una cita no deseada.

largón, ona. m. y f. (marg.) delator, chivato.

largue. m. (marg.) acusación, delación.

larguero. m. (marg.) timador que convence a la vícitma del timo.

lastre. *lanzar el lastre* loc. defecar.

lata. m. coche // *dar la lata* loc. importunar, fastidiar // *ser una lata* loc. ser aburrido y pesado.

latazo. m. asunto fatigoso y aburrido.

latigazo. m. trago de una bebida alcohólica // m. (dro.) sensación intensa provocada por el consumo de droga.

latín. *jurar en latín* loc. maldecir // *saber latín* loc. ser listo y astuto.

latoso, sa. adj. y s. molesto, aburrido.

lavado. *lavado de cabeza* loc. felación.

lavandería. f. (marg.) negocio por el que se legaliza dinero procedente de actividades delictivas.

lavar. tr. (marg.) convertir en legal el dinero obtenido por medios ilegales // *lavar el cerebro* loc. convencer a alguien.

lea. f. (marg.) prostituta.

lechada. f. semen.

leche. f. semen // golpe intenso, choque violento y circunstancial // mal carácter, genio // interj. expresión de contrariedad, indignación, sorpresa, asombro... // *a toda leche* loc. muy rápido, a toda velocidad // *darse o pegarse una leche* loc. golpearse // *de la leche* loc. grande, impresionante // *ir echando o cagando leches* loc. ir muy rápido // *¡leches!* interj. expresión de negación // *mala leche* loc. mal carácter, mala intención // *¡me cago en la leche!* loc. expresión de enfado, enojo // *¡qué leches!* loc. expresión que denota enfado y sorpresa // *ser la leche* loc. ser inaudito, increíble, el colmo // *¡ (y) una leche!* loc. expresión de negación y rechazo.

lechera. f. (marg.) coche policial de color blanco.

lechería. f. prostíbulo.

lechuga. f. billete de mil pesetas // *estar más fresco que una lechuga* loc. estar despejado, descansado.

lechuzo. m. necio, tonto, inepto // m. vigilante jurado nocturno.

lefa. f. semen.

legal. adj. fiable, digno de confianza, leal // *ir de legal* loc. ser una persona en la que se puede confiar.

legía. m. legionario.

lengua. *darle a la lengua* loc. hablar mucho y sin pausa // *darse la lengua* loc. besarse // *meterse*

la lengua en el culo, donde te quepa loc. callarse // *tirar de la lengua* loc. sonsacar disimuladamente información.
lenteja. f. (dro.) dosis de LSD.
leña. f. golpes // *dar o repartir leña* loc. pegar, golpear.
leñazo. m. golpe muy fuerte.
¡leñe! interj. expresión de asombro, enfado.
leño. m. policía // *dormir o estar como un leño* loc. dormir profundamente.
leona. f. mujer provocadora o agresiva sexualmente // f. portera.
leonera. f. lugar sucio y desordenado.
leones. m. pl. (marg.) dados trucados.
lerenda. *Véase* menda.
lesbi. f. lesbiana.
levantar. tr. robar, quitar // *levantársela a uno* loc. tener una erección el hombre.
ley. *ley del embudo* loc. ser más indulgente con uno mismo que con los demás.
liado, da. p. p. *estar liado con alguien* loc. tener relaciones sexuales // convivir maritalmente sin matrimonio.
liante, ta. adj. y s. persona que embrolla las cosas, entrometido.
liar. tr. hacer un cigarrillo de hachís o marihuana. // *liarla* tr. embrollar una situación, poner dificultades // *liarse* prnl. convivir maritalmente sin matrimonio, amancebarse // confundirse // hablar mucho // *liarse la manta* loc. arriesgarse en algo inseguro.
libanés. m. (dro.) hachís procedente del Líbano.
liberado, da. adj. y ú.t.c.s. persona que se dedica en exclusiva a las labores del sindicato o del partido.
libra. f. cien pesetas.
libre. *ir por libre* loc. actuar sin influencia ajena, independientemente.
licha. f. (marg.) calle.
ligar. tr. conquistar sexualmente // tr. (marg.) arrestar, detener // tr. (marg.) conseguir, hacerse con algo.
light. *Véase* lait.
ligón, ona. m. y f. persona que conquista fácilmente a otra.
ligoteo. m. conquista sexual // *irse de ligoteo* loc. ir a conquistar sexualmente.
ligue. m. persona con quien se mantiene una relación sentimental o sexual pasajera.
lila. m. bobo, estúpido // m. (marg.) víctima de un robo o timo.
lili. *estar lili* loc. estar libre // *ser un lili* loc. ser tonto, estúpido.
lima. f. (marg.) camisa // *comer como una lima* loc. comer mucho y rápido.
limbo. *estar en el limbo* loc. estar distraído, despistado.
limo. m. (marg.) bolso de señora.
limones. m. pl. pechos de mujer.

limpia. com. limpiabotas.
limpiar. tr. robar, hurtar.
limpio, pia. *estar limpio* loc. carecer de antecedentes penales.
línea. f. (dro.) dosis de droga en polvo preparada para ser aspirada.
lingotazo. m. trago de bebida alcohólica.
lío. m. problema, asunto // relación amorosa esporádica.
lique. m. patada // *dar el lique* loc. despedir del trabajo // *darse el lique* loc. marcharse, huir.
liquidar. tr. matar, asesinar.
lirio. m. necio, estúpido // m. (marg.) víctima de una estafa.
lirón. *dormir como un lirón* loc. dormir profundamente.
lisa. adj. mujer de poco pecho.
listillo, lla. m. y f. persona que cree saberlo todo, sabiondo.
litri. adj. y s. vanidoso, presumido, cursi.
litrona. f. botella de cerveza de un litro.
llamar. *llamar a alguien de todo* loc. insultar.
llanito, ta. adj. y s. natural de Gibraltar.
llorar. intr. (marg.) quejarse // *llorar a lágrima viva, a moco tendido* loc. llorar desconsoladamente.
llorica. adj. y s. persona que se queja en exceso.
llorona. f. borrachera depresiva // *cogerla llorona, darle a uno llorona* loc. tener una borrachera triste y melancólica.
lluvia. *lluvia dorada* loc. (prost.) orinar sobre otra persona.
loba. f. mujer provocadora, promiscua // prostituta // *¡menos lobos, Caperucita!* loc. expresión de asombro ante las exageraciones de otra persona.
loca. f. homosexual afectado.
locatis. adj. ido, loco.
locaza. *Véase* loca.
loco. m. (marg.) encendedor, mechero // *a lo loco* loc. sin pensar, alocadamente // *hacerse el loco* loc. eludir responsabilidades fingiendo que no se sabe nada // *loco de atar* loc. totalmente loco // *¡ni loco!* loc. en absoluto, de ningún modo.
locona. *Véase* loca.
lolailo, la. m. y f. gitano // persona aficionada al flamenco.
loldo, da. adj. tonto, bobo.
loma. f. (marg.) mano.
loncha. f. (dro.) dosis de cocaína preparada para ser inhalada.
longaniza. f. pene.
longuis. *hacerse el longuis* loc. eludir responsabilidades fingiendo que no se sabe nada de un asunto, disimular.
look. *Véase* luk.
loquero, ra. m. y f. psiquiatra.
loqueras. adj. y s. alocado.
Lorenzo. m. el sol.
lorito. *¡cágate lorito!* loc. expresión de asombro.
loro. m. mujer fea // persona que habla mucho // radiocasete //

estar al loro loc. estar atento, prestar atención.
lote. m. toqueteos, besos // *darse o pegarse el lote* loc. besarse, acariciarse.
luces. *tener pocas o muchas luces* loc. ser poco o muy inteligente.
luciérnaga. f. acomodador.
luk. (del inglés *look*) m. aspecto, imagen.
lumbrera(s). adj. y s. persona inteligente.
lumi. f. (marg.) prostituta.
lumiasca. *Véase* lumi.
lumidero. m. (marg.) prostíbulo.
luna. *estar a la luna de Valencia* loc. estar alocado // *estar en la luna* loc. estar despistado.
lupara. f. (marg.) escopeta.
lupas. f. pl. gafas.

M

maca. m. (marg.) chulo, bravucón // proxeneta.
macabeo. *rollo macabeo* loc. asunto aburrido, falsedad.
macaco. m. (marg.) proxeneta, chulo // m. (marg.) policía uniformado.
macanudo, da. adj. muy bueno, excelente.
macarra. adj. y s. pendenciero, bravucón // m. proxeneta // adj. horrible, de mal gusto.
macarrón. m. proxeneta, chulo // m. (dro.) vena.
machaca. com. persona insistente y tediosa // com. (marg.) preso que colabora con los funcionarios // com. (marg.) persona que está al servicio de otra, subalterno.
machacar. intr. importunar, molestar, insistir una y otra vez sobre un asunto // tr. ganar, vencer // prnl. desgastar, cansar en exceso // *machacársela* loc. masturbarse el hombre // *por mí como si te la machacas* loc. expresión de indiferencia.
machacón, ona. adj. y s. reiterativo, insistente.
machada. f. acción impetuosa, bravuconada.
machaque. m. prueba o entrenamiento agotador.
macho. adj. varonil, viril // m. apelativo cariñoso para el hombre // *macho ibérico* loc. hombre de actitudes machistas.
machorra. f. lesbiana.
machote. m. hombre viril, valiente // m. apelativo cariñoso para el hombre.
macizo, za. adj. y s. persona atractiva físicamente.
macizorro, rra. *Véase* macizo.
maco. m. (marg.) prisión, cárcel.
macoca. f. masturbación // f. bofetada, golpe.

macoqui. m. pendenciero, bravucón // m. bofetada.
macró. m. (prost.) proxeneta.
madaleno. m. (marg.) agente de la policía secreta.
madam(e). f. (prost.) mujer que regenta un prostíbulo // f. (marg.) policía secreta.
madama. *Véase* madam(e).
madera. f. policía // *tocar madera* loc. expresión que intenta evitar el cumplimiento de posibles hechos negativos.
madero. m. agente de policía.
madraza. f. (marg.) homosexual pasivo.
madre. f. (marg.) homosexual pasivo // *cagarse en la (puta) madre de alguien* loc. expresión utilizada como insulto y ofensa // *ciento y la madre* loc. mucha gente // *de puta madre* loc. genial, estupendo, excelente // *estar para hacerla madre* loc. ser una mujer muy atractiva // *la madre del cordero* loc. lo más importante de un asunto // *¡la madre que te parió!* loc. expresión utilizada como insulto // *¡mi madre!* loc. expresión de asombro // *sacar de madre* loc. exagerar, perder la paciencia // *salirse de madre* loc. excederse, tener un comportamiento fuera de lo normal // *¡tu madre!* loc. expresión de enfado o rechazo.
Madrid. *parecer de Madrid* loc. dejar la puerta abierta.
madriles. m. pl. Madrid // adj. y s. madrileño.
magrear. tr. tocar, sobar a otra persona.
magreo. m. tocamientos sexuales.
mai. m. (dro.) cigarrillo de hachís o marihuana.
mail. m. correo electrónico // m. (dro.) cigarrillo de hachís o marihuana.
majara. adj. loco, ido.
majareta. *Véase* majara.
majarón, ona. *Véase* majara.
makoki. *Véase* macoqui.
mala. *a la mala* loc. a la izquierda // *estar mala* loc. tener la menstruación.
malage. *Véase* malaje.
malaje. adj. y s. pendenciero, persona con malas intenciones.
malaúva. adj. y s. persona de mal carácter, que intenta hacer daño a los demás.
maleta. com. torpe, poco habilidoso // *hacer maletas* loc. (dro.) traficar con droga.
maljode. com. persona resentida y molesta.
malnacido, da. adj. indeseable, malintencionado.
malqueda. com. persona desconsiderada o que queda mal con otras.
malvas. *criar malvas* loc. estar muerto y enterrado.
mamada. f. felación.
mamado, da. adj. muy fácil // *estar mamado* loc. ser muy fácil de hacer // estar ebrio.
mamar. tr. tomar bebidas alcohólicas // tr. beneficiarse de un

asunto sin esforzarse // *mamarla* loc. hacer una felación // *mamarse* prnl. emborracharse.

mamón, ona. m. y f. persona indeseable // ingenuo, tonto // (marg.) delator.

mamellas. f. pl. pechos de la mujer.

mami. f. (prost.) regenta de un prostíbulo.

mandamás. m. jefe.

mandanga. f. pene // f. dinero // f. pl. embustes // f. (dro.) hachís.

mandar. *mandar a paseo* loc. despedir.

manduca. f. comida.

manducar. tr. comer.

manduquela. f. comida.

manga. m. cómic japonés de temática sexual y violenta // f. borrachera // m. (dro.) dosis de droga en polvo preparada para inhalar // *corte de mangas* loc. gesto ofensivo que indica rechazo // *manga por hombro* loc. desordenado // *sacarse algo de la manga* loc. inventarse algo // *ser más corto que las mangas de un chaleco* loc. ser una persona retraída, tímida o de poca inteligencia.

mangancia. f. acción poco honesta o delictiva.

mangani. com. persona irrelevante, de poca importancia.

mangante. com. persona que genera conflictos // ladrón, delincuente.

mangar. tr. robar, hurtar.

mango. m. pene.

mangonear. tr. dar órdenes, actuar en su propio beneficio // tr. robar.

mangoneo. m. corrupción, acción que favorece a alguien en detrimento de otras personas.

manguera. f. pene.

mangui. com. ladronzuelo, maleante, delincuente // m. (marg.) mendigo.

manguta. com. ladronzuelo, maleante, delincuente // m. (marg.) mendigo.

mani. f. manifestación.

manifa. f. manifestación.

manitas. com. persona habilidosa con las manos // *hacer manitas* loc. acariciarse una pareja.

mano. *coger o pillar con las manos en la masa a alguien* loc. observar a alguien en el mismo momento de estar cometiendo una acción reprensible // *echar una mano* loc. ayudar // *estar con una mano delante y otra detrás* loc. no tener dinero // *írsele la mano a alguien* loc. sobrepasarse, excederse // *llegar a las manos* loc. pelearse // *meter mano* loc. tocar, acariciar a otra persona // *poner la mano encima* loc. agredir físicamente // *poner manos a la obra* loc. empezar un trabajo o asunto // *ser mano de santo* loc. ser curativo, bueno // *tener buena mano* loc. ser habilidoso // *tener manos de cazo* loc. ser torpe.

manola. f. masturbación // f. (dro.) jeringuilla.

manso. m. (marg.) colchón.
manta. com. haragán, vago, inútil // adj. palentino // *a manta* loc. en abundancia, mucho // *liarse la manta a la cabeza* loc. arriesgarse en un asunto a pesar de los problemas que pueda conllevar // *tirar de la manta* loc. descubrir un asunto oculto o un secreto.
manteca. f. dinero // f. (dro.) hachís.
manú(s). m. (marg.) individuo, persona, sujeto.
manual. m. (prost.) masturbación.
manubrio. m. pene.
manuela. f. masturbación.
mapa. *borrar a alguien del mapa* loc. eliminar, matar // *desaparecer del mapa* loc. desaparecer sin dejar rastro.
maqueado, da. *ir maqueado* loc. ir elegante, bien vestido.
maquearse. prnl. vestirse elegantemente.
maqueto, ta. adj. y s. en el País Vasco, inmigrante del resto de España.
maqui. adj. y s. macarra, barriobajero.
máquina. f. (dro.) jeringuilla // f. (prost.) prostituta // *a toda máquina* loc. a toda velocidad.
mara. f. (marg.) gente.
marado, da. adj. (marg.) muerto.
marar. tr. (marg.) asesinar.
marca. f. (marg.) cómplice de un ladrón // f. (prost.) prostituta // *de marca* loc. firma comercial reconocida, bueno // *de marca mayor* loc. muy grande.
marcar. tr. (marg.) vigilar // tr. (marg.) denunciar // tr. (marg.) golpear, pegar // *marcarse* prnl. realizar una acción airosamente // *marcar paquete* loc. realzar los genitales masculinos con pantalones ajustados.
marcha. f. dinamismo, animación // fiesta, alegría // *apearse en marcha* loc. extraer el pene antes de eyacular // *irle la marcha a alguien* loc. gustar la diversión, el sexo u otra actividad // gustar las relaciones masoquistas // *marcha atrás* loc. extraer el pene antes de eyacular.
marchoso, sa. adj. y s. persona divertida, dinámica // f. (dro.) cocaína.
margarita. *criar margaritas* loc. estar muerto y enterrado.
mari. f. persona que únicamente realiza las tareas del hogar // f. homosexual // f. (dro.) marihuana.
maría. f. (dro.) marihuana // f. (marg.) caja fuerte // f. (est.) asignatura que se aprueba fácilmente // *las tres marías* loc. apelativo dirigido a tres mujeres que van juntas.
marica. m. amanerado, afeminado // m. homosexual // insulto.
maricón. m. afeminado // m. homosexual // insulto.
maricona. f. homosexual afeminado // f. cobarde.

mariconada. f. acción considerada propia de los homosexuales // nimiedad, asunto sin importancia // mala acción.

mariconear. intr. actuar como un homosexual amanerado // hacer algo sin interés.

mariconeo. m. acción considerada propia de un homosexual.

mariconería. f. acción considerada propia de un homosexual // asunto sin importancia.

marieta. f. (marg.) ametralladora.

marimacho. f. mujer de actitud masculina // lesbiana.

mariposa. f. homosexual amanerado.

mariposón. *Véase* mariposa.

mariquita. Véase mariposa.

marisco. m. vagina, vulva.

marley. m. (dro.) cigarrillo grande de hachís o marihuana.

marmota. f. dormilón // f. criada.

maromo. m. persona, individuo, hombre.

marrajo. m. (marg.) candado.

marranada. f. acción malintencionada // f. acción impúdica, sexual // f. suciedad.

marrano, na. m. y f. persona sucia, poco higiénica // m. y f. persona libidinosa // *fastidiar, gibar o joder la marrana* loc. molestar // *¡se jodió la marrana!* loc. se estropeó o malogró un asunto.

marrocata. m. (dro.) hachís procedente de Marruecos.

marrón. m. asunto problemático // m. (marg.) causa criminal // condena // m. (marg.) policía // m. (marg.) botín de un robo // *colgar o colocar un marrón* loc. responsabilizar a uno de un asunto ajeno // *comerse un marrón* loc. asumir un problema, cargar con las consecuencias negativas de algo // (marg.) declararse autor de un delito // *pillar de marrón* loc. sorprender in fraganti.

maruja. f. persona que únicamente realiza las tareas del hogar // f. persona chismosa.

marujear. intr. realizar acciones propias de una maruja // cotillear.

marujeo. m. acción de marujear.

marujil. adj. propio de una maruja.

marujón, ona. m. y f. persona que únicamente realiza las tareas del hogar // persona chismosa.

marusa. m. homosexual amanerado.

masca. m. jefe de una banda.

mascada. f. semen // *devolver la mascada* loc. vomitar.

mascado. p.p. fácil.

masoca. com. masoquista.

mastodonte. m. persona grande y corpulenta.

mata. f. (dro.) hachís, marihuana.

mata(d)o, (d)a. m. y f. persona apática, desganada // *estar mata(d)o* loc. estar muy cansado

// terminar un cigarrillo de hachís o marihuana // *ser un mata(d)o* loc. carecer de dinero // ser un inútil.

matar. *matarlas callando* loc. cometer una mala acción solapadamente, con hipocresía // *matarlo* loc. (dro.) terminar un cigarrillo de hachís o marihuana // *matarse* prnl. esforzarse mucho.

matarile. *dar matarile* loc. (marg.) asesinar, matar.

matasanos. m. médico incompetente.

material. m. (dro.) cualquier tipo de droga.

mates. f. pl. (est.) matemáticas.

matildes. f. pl. acciones de Telefónica.

matracas. f. pl. (est.) matemáticas.

matu. f. (marg.) madre.

matusa. com. anciano.

matute. m. contrabando.

mazas. m. hombre musculoso.

mazo. m. mucho // *un mazo* loc. mucho.

meadero. m. urinario, retrete.

meapilas. com. beato.

mear. tr. superar a alguien dejándolo en ridículo // *mear torcido* loc. tener mala suerte, malograrse un asunto // *mearse* prnl. tener miedo, pánico // reírse mucho // *mearse de gusto* loc. sentir gran placer // *mearse de miedo* loc. pasar mucho miedo // *mearse de risa* loc. reírse mucho // *pillar meando* loc. sorprender in fraganti.

measalves. com. beato.

meblé. (del francés *meublé*) m. prostíbulo.

mecha. f. (marg.) hurto en el que el ladrón esconde lo robado entre la ropa // *a toda mecha* loc. rápidamente // *aguantar mecha* loc. soportar pacientemente algo.

meco. m. golpe, bofetada, puñetazo.

mendrugo. m. estúpido, inepto.

megaguay. adj. genial, fantástico.

mejillón. m. genitales femeninos.

melena. *soltarse la melena* loc. actuar de forma desenfrenada y extrovertida, fuera del comportamiento habitual.

melocotón. m. intoxicación etilíca o por drogas, borrachera.

melón. m. cabeza // m. necio, estúpido // m. pl. pechos de mujer // *estrujarse el melón* loc. pensar.

melopea. f. borrachera.

membrillo. necio, estúpido // m. (marg.) delator, confidente.

menda. pron. yo // com. persona, individuo, sujeto // *menda lerenda* pron. yo.

menear. *... de no te menees* loc. grande, importante, asombroso // *meneársela* loc. masturbarse el hombre.

meneo. m. coito, cópula // *dar un meneo* loc. pegar, golpear.

meninges. *estropearse las meninges* loc. pensar, cavilar.

menorero, ra. m. y f. pederasta.
mensaca. com. mensajero.
meos. m. pl. orina // *echar un meo* loc. orinar.
meódromo. m. retrete, urinario.
meona. *cogerla meona* loc. insistir en algo de forma inoportuna.
merca. f. (dro.) cualquier tipo de droga, en especial cocaína.
mercancía. f. (dro.) droga.
mercha. f. (marg.) comercio // f. (marg.) hurto en el que el ladrón esconde lo robado entre su ropa.
merchero, ra. m. y f. (marg.) ladrón que esconde lo robado entre su ropa // m. y f. (marg.) quincallero.
merengar. tr. molestar, importunar.
merengue. m. seguidor del Real Madrid // *ponerse merengue* loc. ponerse romántico.
merienda. *merienda de negros* loc. jaleo, desorden.
merluza. f. borrachera.
merluzo. adj. y s. necio, estúpido.
mes. m. menstruación.
mesca. f. (dro.) mescalina.
meta. f. (dro.) metadona.
meteisaca. m. cópula sexual.
metepatas. com. persona inoportuna cuando habla o actúa.
meter. intr. copular // intr. golpear, pegar // prnl. inyectarse droga // *a todo meter* loc. a toda velocidad // *meter el cazo* loc. equivocarse // *meter la pata* loc. equivocarse // *meter tralla* loc. trabajar duramente // *meter un golpe* loc. pegar, golpear // *meterla* loc. introducir el pene // engañar // *meterla en caliente* loc. copular // *meterse alguien algo donde le quepa* loc. expresión de rechazo y enojo // *meterse alguien donde no le llaman* loc. inmiscuirse en asuntos que no le incumben.
metralla. f. monedas de escaso valor, calderilla.
meublé. *Véase* meblé.
miche. m. genitales femeninos.
michelines. m. pl. acumulación de bolsas de grasa en la cintura.
mico. m. tonto, estúpido // m. niño pequeño // m. (dro.) dosis de LSD // *quedarse mico* loc. atolondrarse, aturdirse.
microbio. m. niño pequeño.
micropunto. m. (dro.) variedad de LSD de pequeño tamaño.
miedica. adj. y s. miedoso, cobarde.
mieditis. *mieditis aguda* loc. mucho miedo, terror.
miedo. *cagarse, jiñarse o mearse de miedo* loc. tener mucho miedo // *de miedo* loc. bien, magnífico, excepcional.
miel. f. (dro.) hachís.
mierda. adj. y com. persona y cosa indeseable, mala // f. borrachera // f. enfermedad venérea //

f. (dro.) hachís // *a la mierda* loc. expresión de rechazo o de enojo // *agarrar, coger o pillar una mierda* loc. emborracharse // *de (la) mierda* loc. expresión despectiva hacia algo o alguien // *estar hecho una mierda* loc. estar en mal estado, cansado o enfermo // *importar una mierda* loc. no preocupar nada, ser indiferente // *irse a la mierda* loc. malograrse, estropearse // *mandar a la mierda* loc. expresión de rechazo // *no comerse una mierda* loc. no conseguir los objetivos previstos // *no valer un mierda* loc. no valer para nada, tener poco valor // *¿qué mierda...?* loc. expresión de enfado, rechazo, sorpresa // *ser una mierda* loc. ser malo, de escasa calidad // *tener más mierda que el palo de un gallinero* loc. estar muy sucio // *¡una mierda pinchada en un palo!* loc. expresión de desprecio, rechazo, enfado o negación // *¡ (y) una mierda!* loc. expresión de desprecio, rechazo, enfado o negación.

mierdecilla. com. persona indeseable, insignificante, despreciable.

mierdica. adj. y s. cobarde, miedoso.

mierdoso, sa. adj. y s. persona indeseable, despreciable.

mili. f. servicio militar.

militroncho. m. militar.

millonetis. com. millonario.

milonga. f. mentira, embuste // f. (marg.) historia que cuenta el estafador para convencer a la víctima.

minga. f. pene.

mini. m. consumición alcohólica de alrededor de un litro, generalmente de cerveza.

minina. f. pene de un niño.

miranda. com. persona que disfruta mirando a los demás.

mirillas. f. pl. ojos.

mirlo. m. lengua // *achantar el mirlo* loc. callar.

mirón, ona. m. y f. persona que disfruta mirando a los demás.

misa. *ir a misa algo* loc. cumplirse, ser algo indiscutible // *no saber de la misa la media (o la mitad)* loc. saber muy poco, desconocer algo // *...que digan misa* loc. expresión que indica que a alguien no le importan los comentarios ajenos.

miserias. f. pl. genitales // persona triste, que se queja de todo.

misil. m. (marg.) objeto punzante para autolesionarse.

misin. (del inglés *missing*) *estar misin* loc. desaparecer.

misionero. m. postura sexual en la que el hombre copula encima de la mujer estando los dos cara a cara.

mismísimos. *estar hasta los mismísimos* loc. estar harto.

missing. *Véase* misin.

mitinero, ra. adj. y s. persona que habla intentando ganarse adeptos, como si hablara en un mitin.

mix. m. mezcla, popurrí musical.

mochales. adj. y s. loco, ido.

mochuelo. m. persona poco fiable // persona fea // *cada mochuelo a su olivo* loc. cada uno en su casa // *cargar a uno con el mochuelo* loc. inculpar falsamente a alguien.

moco. m. borrachera // m. exageración, fanfarronada // m. borracho, ebrio // m. suerte // *llorar a moco tendido* loc. llorar mucho // *no pegar ni con mocos* loc. estar dos cosas mal avenidas, inarmónicas // *no ser moco de pavo* loc. ser algo importante // *tirarse el moco* loc. alardear, presumir.

mocoso, sa. m. y f. niño.

mogollón. adj. mucho, gran cantidad // m. dificultad.

mogra. m. (dro.) gramo de droga, generalmente de heroína o cocaína.

mojada. f. lengua // f. (marg.) herida con arma blanca, puñalada // f. (marg.) navaja.

mojama. f. decrépito, seco // *más seco o tieso que la mojama* loc. muy seco, rígido // muerto.

mojamé. m. magrebí, árabe.

mojar. intr. copular // prnl. adquirir un compromiso con algo, arriesgarse // tr. (marg.) apuñalar // *mojar el churro* loc. copular el hombre.

mojarra. f. lengua // *irse de la mojarra* loc. hablar en exceso // (marg.) delatar a alguien.

mojito. m. bebida que lleva ron, zumo de limón, hielo, azúcar y una rama de hierbabuena.

mojón. m. excremento.

mol. m. (marg.) vino.

molar. intr. gustar.

molido, da. *estar molido* loc. estar cansado.

mollar. adj. bueno, fabuloso.

mollate. m. (marg.) vino

mollera. f. cabeza // *ser cerrado o duro de mollera* loc. ser obstinado, terco.

molón, ona. adj. bonito, guapo, estupendo.

momia. f. anciano, viejo.

momio. m. persona aburrida, poco interesante // *de momio* loc. gratis.

mona. f. borrachera // *dormir la mona* loc. dormir después de haberse emborrachado // *irse o mandar a freír monas* loc. despedir a alguien de mala forma.

monada. f. persona o cosa bonita, atractiva // *¡de eso nada, monada!* loc. expresión de negación y rechazo.

monda. *ser la monda (lironda)* loc. ser excepcional, inaudito, sorprendente.

mondarse. prnl. reírse mucho.

mondongo. m. genitales masculinos // m. excremento.

mongolo, la. m. y f. tonto, torpe.

moni. (del inglés *money*) m. dinero.

monkey. *Véase* monqui.

mono. m. ganas, apetencia // m. policía uniformado // m.

(dro.) síndrome de abstinencia de una droga // *el último mono* loc. persona sin importancia, insignificante // *tener (el) mono* loc. tener muchas ganas, ansiedad // (dro.) tener el síndrome de abstinencia // *tener monos en la cara* loc. expresión de rechazo ante miradas insistentes y molestas.

monqui. (del inglés *monkey*) m. (dro.) síndrome de abstinencia de una droga.

monstruo. m. persona horrorosa // m. persona excepcional en algo.

montado, da. *estar montado (en el dólar)* loc. tener mucho dinero.

montaje. m. farsa, engaño.

montar. tr. copular // tr. organizar // tr. preparar // *montar un pollo* loc. organizar una discusión, alborotar // *montarse un chocho* loc. complicarse un asunto, ocurrir un alboroto // *montárselo* loc. ingeniárselas, valerse por sí mismo, vivir muy bien.

montón. adv. mucho.

monumento. m. persona atractiva.

moña. f. borrachera // f. homosexual.

moño. *estar hasta el moño* loc. estar harto.

moquero. m. pañuelo.

moraco, ca. adj. y s. árabe, magrebí.

morado, da. *pasarlas moradas* loc. pasarlo mal, experimentar una situación difícil // *ponerse morado* loc. saciarse de comida, bebida, sexo.

moral. *comerle la moral a alguien* loc. desilusionar, deprimir // *tener más moral que el Alcoyano* loc. ser muy optimista y perseverante.

morbo. m. morbosidad // *dar morbo alguien* loc. interesar sexualmente.

morcilla. f. pene // *dar morcilla a alguien* loc. molestar, fastidiar // *¡que te den morcilla!* expresión de rechazo y enfado.

morcillona. adj. estado flácido del pene.

morder. tr. (marg.) identificar, reconocer, ver // *morder el polvo* loc. derrotar, vencer.

mordida. f. soborno.

moreno, na. adj. y s. persona de raza negra // f. (marg.) engaño entre los propios delincuentes // f. (marg.) noche // *y lo que te rondaré morena* loc. expresión que indica las veces que se repetirá una misma situación.

morfa. f. (dro.) morfina.

moro. m. persona celosa y posesiva // m. magrebí // *bajarse al moro* loc. ir a Marruecos a comprar hachís // *no haber moros en la costa* loc. estar un sitio despejado de gente.

morrada. f. golpe en la cara.

morralla. f. monedas de poco valor // f. objetos de escaso valor.

morrazos. com. sinvergüenza, persona aprovechada.

morrear. tr. besarse.

morreo. m. beso en la boca.

morro. m. labios // m. descaro, abuso // m. enfado // *arrugar o torcer el morro* loc. enfadarse // *echarle morro* loc. atreverse, ser descarado // *estar de morros* loc. estar enfadado // *partir los morros* loc. golpear en la cara // *pasar por los morros* loc. recriminar, dar envidia // *ponerse de morros* loc. estar enfadado // *por el morro* loc. sin esfuerzo, gratis, de forma descarada // *tener morro* loc. ser descarado, sinvergüenza // *torcer el morro* loc. desagradar, molestar.

morrocotudo, da. adj. estupendo, genial, impresionante.

mosca. f. dinero // *estar mosca* loc. estar suspicaz, receloso // *mosca cojonera* loc. persona inoportuna e insistente // *no matar ni a una mosca* loc. ser inofensivo.

moscardón. m. persona fastidiosa, molesta.

moscón, ona. adj. y s. persona molesta o inoportuna que observa o se acerca a otra persona con ánimo, generalmente, de conquistarla.

mosquita. *mosquita muerta* loc. persona con apariencia pusilánime y débil.

mosquearse. intr. enfadarse, estar receloso.

mosqueo. m. enfado.

mostrador. m. pecho de la mujer.

motero, ra. m. y f. motorista.

moto. *estar como una moto* loc. estar nervioso, alocado, intranquilo // *ponerse como una moto* loc. sobreexcitarse, generalmente tras ingerir alcohol o drogas.

motoro. m. (marg.) policía de tráfico con motocicleta.

mover. tr. (dro.) traficar con droga // *mover el culo* loc. reaccionar, trabajar.

movida. f. alboroto, jaleo // f. fiesta // f. pelea // f. (marg.) tráfico de droga.

mu. *ni mu* loc. nada.

mucama. f. (marg.) preso que está al servicio de otro preso.

mueblé. *Véase* meblé.

muerdo. m. beso.

muermo. m. tedio, aburrimiento // m. persona o cosa aburrida // m. (dro.) malestar y somnolencia producido por el consumo de drogas.

muerte. *de muerte* loc. enorme, impresionante, sensacional // *de mala muerte* loc. muy malo, de baja categoría.

muerto. m. asunto o persona aburrida, pesada // adj. cansado, fatigado // adj. acabado, fracasado // *cagarse en los muertos de alguien* loc. expresión utilizada como insulto ofensivo hacia alguien // *cargar con el muerto* loc. responsabilizarse de un problema // *colgar el muerto a alguien* loc. achacar las culpas a alguien // *no tener donde caerse muerto* loc. no tener recursos económicos // *pasarse el muerto* loc. trasladar a otra persona un asunto complicado.

mui. *Véase* muy.

mujer. *mujer de bandera* loc. mujer atractiva // *mujer de la vida, de vida alegre, de mala vida, pública* loc. prostituta // *mujer fácil* loc. mujer promiscua, que accede fácilmente a tener relaciones sexuales // *mujer fatal* loc. mujer seductora.

mula. f. persona obstinada, terca // *ser terco como una mula* loc. ser muy terco.

mulabar. tr. (marg.) asesinar, matar.

mulé. *dar mulé* loc. (marg.) asesinar, matar.

muleta. f. (marg.) objeto que coloca el carterista como pantalla para robar a su víctima sin que ésta se entere.

mullado, da. m. y f. muerto.

mullar. tr. (marg.) matar.

mulo. *estar hecho un mulo* loc. estar fuerte.

multiplicar. *multiplícate por cero* loc. cállate, desaparece.

munipa. com. policía municipal.

muñeco, ca. m. y f. apelativo cariñoso.

murga. f. asunto molesto, fastidioso // *dar la murga a alguien* loc. molestar, fastidiar.

musculitos. com. persona musculosa.

musculoca. f. homosexual musculoso.

música. f. (marg.) billetero, cartera // *irse con la música a otra parte* loc. irse a molestar a otra persona.

músico. m. (marg.) carterista.

muslamen. m. muslos y piernas.

muy. f. (marg.) lengua, boca // *achantar la muy* loc. (marg.) callar // *darle a la muy* loc. (marg.) hablar en exceso // *irse de la muy* loc. (marg.) denunciar, delatar // *largar por la muy* loc. (marg.) confesar, delatar.

N

nabo. m. pene.
nacer. *nacer de culo* loc. ser gafe, tener mala suerte // *nacer de pie* loc. ser afortunado, tener buena suerte.
nadie. *ser un don nadie* loc. ser una persona insignificante.
naja. *de najas* loc. rápidamente // *andar, darse, irse o salir de naja* loc. (marg.) huir, escaparse.
najador. m. (marg.) automóvil.
najarse. prnl. (marg.) marcharse, irse, correr.
nalgamen. m. nalgas.
nalgatorio. m. nalgas.
nanay. adv. no.
nano, na. m. y f. muchacho, chico.
napia(s). f. nariz.
napo. m. billete de mil pesetas.
naquerar. tr. (marg.) hablar.
naranja. *naranjas de la China* loc. negación.
narco. com. narcotraficante.
narguila. *Véase* narguile.
narguile. m. pipa de agua para fumar tabaco o droga.
narices. ... *de las narices* loc. expresión despectiva referida a personas o cosas // *de (tres pares de) narices* loc. importante, enorme // *estar hasta las narices* loc. estar harto // *hinchar las narices* loc. enfadarse, hartarse // *meterse algo en las narices* loc. empeñarse en algo // *meter las narices* loc. entrometerse // *¡narices!* loc. interjección de asombro, enfado // *no haber más narices* loc. no haber otra solución // *pasar algo por las narices a alguien* loc. mostrar insistentemente algo, evidenciar, humillar // *por narices* loc. obligatoriamente, a la fuerza // *¡qué narices!* loc. expresión que refuerza una decisión // *romper las narices* loc. golpear en la cara // *salir a alguien de las narices* loc. apetecer, querer // *tener narices*

loc. tener valor, coraje // *¡tiene narices la cosa!* loc. ser increíble, inaudito // *tocar las narices* loc. molestar, incordiar // *tocarse las narices* loc. haraganear, estar ocioso.

narigo. m. nariz.

narizotas. com. persona con la nariz grande.

narpia(s). f. (marg.) nariz.

nasti. adv. nada, en absoluto // *nasti de plasti* loc. nada de nada.

naturaca. adv. naturalmente.

navajero, ra. m. y f. ladrón que atraca con arma blanca a sus víctimas.

navegador. m. programa que permite visualizar las diferentes páginas web a través de internet.

navegar. intr. acción de visitar diferentes páginas web en internet.

nazareno. m. (marg.) estafador que abre un local comercial, pide géneros a crédito y desaparece sin pagar a sus acreedores una vez que los ha vendido.

negado, da. adj. y s. inútil, torpe.

negocio. *negocio de la carne* loc. prostitución.

negrata. adj. y s. persona de raza negra.

negro, gra. m. persona que hace el trabajo de otra sin llevarse ningún mérito // *estar o ponerse negro alguien* loc. enfadarse, enojarse // malograrse un asunto // *pasarlas negras* loc. pasar por una situación complicada, difícil // *tener la negra* loc. tener mala suerte // *trabajar como un negro* loc. trabajar mucho // *verse negro* loc. verse apurado, comprometido con algo.

nen. *nen de nen* loc. nada, en absoluto.

neura. f. neurastemia, preocupación excesiva // *ser un neuras* loc. ser una persona obsesiva, neurótica, de reacciones imprevisibles.

neurona. *derrapar o patinarle las neuronas a alguien* loc. estar trastornado o confuso mentalmente.

nevar. intr. eyacular.

nevera. f. (marg.) celda de castigo.

nicabar. tr. (marg.) hurtar, robar.

nick. m. apodo o alias que se utiliza para poder acceder a determinados contenidos de internet, como el correo electrónico.

nido. m. casa.

nieve. f. (dro.) cocaína.

ninchi. m. muchacho.

niñato, ta. m. y f. muchacho pretencioso y presumido.

niño, ña. f. prostituta // *la niña bonita* loc. el número 15 // *ni qué niño muerto* loc. expresión de rechazo // *niño bonito* loc. la persona predilecta de alguien // *niño de teta* loc. niño pequeño // *niño litri* loc. muchacho de clase acomodada, presumido, cursi // *niño pera* loc. muchacho presumido y vanidoso.

niquelar. intr. presumir, jactarse.
nones. adv. no.
noquear. tr. (boxeo) golpear, dejar fuera de combate.
nota. com. despectivamente, persona, individuo // *nota(s)* com. persona a la que le gusta llamar la atención // *dar la nota* loc. llamar la atención.
notario. m. persona a la que le gusta llamar la atención // m. (marg.) víctima propicia de un robo.
novicia. f. (marg.) homosexual.
novillos. *hacer novillos* loc. no asistir a clase.
npi. adv. siglas de «ni puta idea», que indican el desconocimiento de un asunto.
nube. *estar o ponerse algo por las nubes* loc. ser caro // *poner a alguien por las nubes* loc. elogiar, alabar.
numerero, ra. m. y f. persona a la que le gusta llamar la atención.
numerito. *hacer o montar el numerito* loc. organizar un escándalo para llamar la atención.
número. *equivocarse de número* loc. no poder aprovecharse de una persona // *hacer o montar el número* loc. organizar algo escandaloso.

Ñ

ñaca. m. (dro.) dosis de droga inyectada // *ñaca ñaca* loc. cópula sexual.
ñarra. m. niño.
ñoca. f. vagina, vulva.
ñorda. f. excremento.
ñórdiga. f. excremento.

O

o. *no saber hacer la o con un canuto* loc. ser torpe, inútil.
oca. *ser la oca* loc. ser inaudito, increíble.
ocasión. *la ocasión la pintan calva* loc. oportunidad que surge y que no hay que desaprovechar.
ocho. *ser más chulo que un ocho* loc. ser muy orgulloso.
oficio. *oficio más viejo del mundo* loc. prostitución.
ojal. m. ano.
ojete. m. ano.
ojímetro. *a ojímetro* loc. con cálculos aproximados, sin instrumentos pecisos de medida.
ojo. *a ojo de buen cubero* loc. aproximadamente // *andar(se) con ojo* loc. tener cuidado // *con los ojos como platos* loc. sorprendido // *¡ojo!* interj. cuidado, atención // *ojo a la funerala* loc. ojo amoratado a causa de un golpe // *ojo a la virulé* loc. ojo dañado // *ojos de cordero degollado* loc. ojos de víctima // *ojo del culo* loc. ano // *tener ojo* loc. tener cuidado // *tener ojo para algo* loc. tener buen instinto // *un ojo de la cara* loc. mucho.
okupa. com. persona que ocupa una casa deshabitada.
oligo. adj. y s. oligofrénico // adj. y s. necio, torpe.
olivas. *cambiar el agua a las olivas* loc. *Véase* agua.
olla. f. cabeza // f. (marg.) celda de la comisaría // *estar mal de la olla* loc. estar loco // *írsele la olla a uno* loc. trastornarse.
ombligo. *arrugársele a uno el ombligo* loc. acobardarse ante una situación // *creerse o ser el ombligo del mundo* loc. considerarse el más importante, el centro de atención.
onda. *cambiar de onda* loc. cambiar de actividad o de tema // *coger la onda* loc. entender, enterarse de algo // *estar en la onda*

loc. estar al día, a la moda // *estar en la onda de algo o alguien* loc. tener intereses, aficiones comunes.

operar. *por mí, como si te operan* loc. expresión de indiferencia.

opusino, na. adj. y s. persona beata y recatada.

órbita. *poner en órbita* loc. estar bajo los efectos de excitación por el consumo de una droga.

ordenata. m. ordenador.

ordeñar. intr. masturbar.

oreja. *comer la oreja a alguien* loc. persuadir, convencer, conquistar a alguien // *estar con la oreja puesta* loc. enterarse, escuchar // *pegar la oreja* loc. escuchar // *planchar la oreja* loc. dormir // *poner la oreja* loc. intentar enterarse de algo // *salir por las orejas* loc. saciarse en exceso de algo // *ser un orejas* loc. ser una persona que quiere enterarse de algo // ser un chismoso.

orificio. m. ano.

oro. *como los chorros del oro* loc. muy limpio, brillante // *prometer el oro y el moro* loc. embaucar con promesas.

orsay. *estar en orsay* loc. estar despistado // (fútbol) estar fuera de juego.

orugo. m. (marg.) guardia urbano motorizado.

osa. *¡andá, la osa!* loc. expresión de sorpresa.

oso. m. homosexual peludo y fuerte // *hacer el oso* loc. hacer el tonto.

ostia. *Véase* hostia.

ostiar. *Véase* hostiar.

ostra. *aburrirse como una ostra* loc. aburrirse mucho // *¡ostras!* loc. interjección de asombro.

out. *Véase* aut.

outing. *Véase* auting.

ovarios. *estar hasta los ovarios* loc. estar harta // *pasarse algo por los ovarios* loc. expresión de indiferencia // *salirle de los ovarios* loc. apetecer, querer // *tener los ovarios bien puestos* loc. ser una mujer con carácter, osada.

over. m. (dro.) ingestión excesiva de droga.

P

pachá. *como un pachá* loc. a todo lujo, muy bien.
pachanga. f. fiesta // f. música popular.
pachanguero, ra. adj. vulgar, de mal gusto.
pachorra. f. excesiva calma, tranquilidad.
pachucho, cha. adj. de salud delicada, enfermo.
padre. *cagarse en el padre de alguien* loc. expresión de rechazo y enfado // *de padre y muy señor mío* loc. expresión para referirse a algo importante, grande // *¡mi padre!* loc. expresión de asombro // *ser más feo que pegarle a un padre* loc. ser horroroso, muy feo // *¡tu padre!* loc. expresión insultante de enfado.
pafeto. (del inglés *pub*) m. bar con música.
pagaderas. com. persona que se hace cargo de los gastos.
paganini. *Véase* pagaderas.
pagar. tr. (marg.) cumplir la condena en la cárcel // *pagar a escote* loc. pagar cada uno lo suyo // *pagarla con alguien* loc. regañar, discutir // *pagarlas* loc. sufrir la venganza, el castigo.
paisa. m. paisano, amigo // m. magrebí.
paja. f. masturbación // *hacerse una paja* loc. masturbarse // *paja mental* loc. confusión mental // *matarse a pajas* loc. masturbarse frecuentemente.
pajabar. tr. (marg.) toquetear, sobar.
pájara. f. pérdida repentina de las fuerzas, desfallecimiento.
pajarito. m. pene // *quedarse como un pajarito* loc. morirse.
pájaro, ra. m. pene // m. y f. persona poco fiable, astuta // *asarse o cocerse como un pájaro* loc. pasar mucho calor // *tener pájaros en la cabeza* loc. ser muy fantasioso.

pajarraco. f. alboroto, jaleo, disputa // f. (marg.) motín carcelario.

pajarraco, ca. m. y f. persona poco fiable, astuta.

pajató. m. (marg.) reloj.

pajero, ra. m. y f. masturbador.

pajillero, ra. m. y f. masturbador // f. prostituta.

pajo. m. (marg.) homosexual.

pajolero, ra. adj. molesto, despreciable.

pajote. m. masturbación.

pala. f. diente grande, en especial los incisivos // *a punta pala* loc. en gran cantidad, mucho.

palabro. m. palabra complicada o malsonante.

palabrota. *Véase* palabro.

palanganero, ra. m. y f. (prost.) limpiador de un prostíbulo // m. y f. (prost.) persona con poderes curativos.

palanquero, ra. m. y f. (marg.) ladrón que roba en las casas con la ayuda de una palanqueta.

palanquetazo. m. (marg.) robo realizado con ayuda de una palanqueta.

palero. m. (marg.) ladrón, delincuente // m. (prost.) proxeneta.

paleta. com. albañil.

pálida. f. (dro.) sensación de muerte repentina causada por un exceso en el consumo de drogas o alcohol.

palillo. m. persona muy delgada.

palique. m. plática, conversación trivial // *estar de palique* loc. hablar.

paliza(s). adj. y s. persona pesada, insistente // *dar la paliza* loc. molestar, aburrir // *darse la paliza* loc. trabajar mucho, esforzarse // tocarse, besarse.

palma. *llevarse la palma* loc. destacar, sobresalir.

palmar. intr. perder dinero en el juego // *palmarla* loc. morir.

palmera. *estar palmera* loc. estar muerto.

palmito. *lucir el palmito* loc. lucir un cuerpo bonito.

palmo. *no levantar alguien medio palmo del suelo* loc. ser de baja estatura.

palo. m. desgracia, adversidad // m. estafa, robo // m. pene // m. cópula, coito // *a palo seco* loc. por sí solo, sin añadiduras // *dar o meter un palo* loc. robar, atracar, estafar // *dar o moler a palos* loc. golpear, pegar // *de palo* loc. falso, adulterado // *echar un palo* loc. copular // *estar hecho un palo* loc. estar extremadamente delgado // *no dar palo al agua* loc. no hacer nada, vaguear // *pegar el palo* loc. robar, atracar // *ser algo o alguien un palo* loc. ser aburrido, pesado // *ser un palo* loc. ser muy serio.

palomita. f. combinado de anís y agua // f. (marg.) sábana.

palomino(s). m. pl. mancha de excrementos en la ropa interior.

palomo. m. víctima de un robo // m. tonto, necio // m. homosexual.
palquista. m. (marg.) ladrón que entra por ventanas y balcones para robar.
pampa. m. (marg.) lista falsificada de los números premiados de la lotería.
pan. *estar como un pan, estar más bueno que el pan* loc. ser muy atractivo // *ser algo pan comido* loc. ser muy fácil // *ser alguien más bueno que el pan* loc. ser bueno.
pana. com. apelativo cariñoso // *partir con la pana* loc. destacar.
panchitos. m. pl. cacahuetes.
pancho, cha. *estar o quedarse (tan) pancho* loc. estar tranquilo, sosegado.
pandero. m. nalgas.
pánico. *de pánico* loc. enorme, impresionante // fenomenal, estupendamente.
panocha. f. dinero // adj. pelirrojo.
panoja. f. dinero.
pantacas. m. pl. pantalones.
pantalla. *la gran pantalla* loc. el cine // *la pequella pantalla* loc. la televisión // *usar o utilizar a alguien de pantalla* loc. utilizar a alguien para que carge con las consecuencias negativas de algo.
pantalones. *bajarse los pantalones* loc. ceder ante una imposición, humillarse // *llevar los pantalones* loc. ser la persona que manda en el hogar.
pantorras. f. pl. pantorrillas.
pañí. f. (marg.) agua // com. (marg.) persona que vigila y se encarga de avisar de un peligro // *dar la pañí* loc. avisar de un peligro.
papa. *echar la papa* loc. vomitar // *ni papa* loc. nada en absoluto.
papagayo. *hablar como un papagayo* loc. ser muy locuaz.
paparse. prnl. comer // prnl. asumir un daño o perjuicio.
papear. tr. comer.
papel. m. pl. documentación // m. pl. periódicos // m. billete de mil pesetas // *con papel de fumar* loc. con cuidado, delicadeza // *perder los papeles* loc. perder la compostura, enfadarse.
papela. f. (marg.) documentación // f. (dro.) envoltorio que contiene una dosis de droga en polvo.
papelina. f. (dro.) envoltorio que contiene una dosis de droga en polvo.
papelón. *hacer el papelón* loc. llamar la atención de forma escandalosa.
papeo. m. comida.
papilla. f. vómito // *echar la papilla* loc. vomitar // *estar hecho papilla* loc. estar agotado, cansado, abatido.
papo. m. vagina // m. estómago.
papuchi. m. padre.
paquete. m. genitales masculinos // m. persona que acompaña

a un conductor de una moto // m. multa, sanción // m. embarazo // *marcar paquete* loc. realzar los genitales masculinos con pantalones ajustados // *meter un paquete* loc. multar.

paraca. com. paracaidista.

paraguas. m. preservativo.

paralís. m. parálisis.

parchear. tr. tocar, sobar // tr. (marg.) tantear el ladrón a la víctima para quitarle la cartera.

pardillo, lla. m. y f. inocente, incauto, ingenuo.

pared. *subirse por las paredes* loc. enfurecerse, enfadarse.

pareja. f. pareja de la guardia civil.

parguela. m. afeminado // m. homosexual.

parida. f. tontería, estupidez, bobada.

parienta. f. mujer, compañera sentimental, esposa.

paripé. *hacer el paripé* loc. fingir, disimular.

parir. *parirla* loc. equivocarse, hacer o decir algo inoportuno // *poner a parir* loc. criticar duramente, insultar.

parlada. *echar una parlada* loc. hablar.

parlao. *echar un parlao* loc. conversar, hablar.

parné. m. dinero.

parra. *subirse a la parra* loc. comportarse de una forma insolente.

parranda. f. fiesta, diversión.

parrús. m. vagina.

partes. f. pl. genitales, órganos sexuales.

partirse. prnl. reírse mucho // *partirse de risa* loc. reírse mucho.

pasada. *ser una pasada* loc. ser sorprendente, excesivo, abusivo.

pasado, da. *estar pasado* loc. estar trastornado, loco // estar bajo los efectos del alcohol o de una droga // ser poco actual.

pasapiri. m. (marg.) pasaporte.

pasaporte. *dar el pasaporte* loc. despedir, echar // matar, asesinar.

pasar. intr. dar igual, ser indiferente ante algo // intr. desentenderse de algo o de alguien // intr. (marg.) vender droga // *pasar de alguien* loc. no importarle // *pasar de todo* loc. no importarle nada // *pasarlo bomba, chachi, chupi o pipa* loc. disfrutar // *pasarse* prnl. excederse en el comportamiento // *¿qué pasa?* loc. expresión utilizada como saludo.

pascua. *estar más contento que unas pascuas* loc. estar alegre, contento // *hacer la pascua* loc. fastidiar, molestar.

pasguor. (del inglés *password*) m. contraseña para acceder a determinados contenidos en internet.

pase. m. (dro.) contrabando de droga // (marg.) información para realizar un robo // *dar el pase* loc. despedir, echar // *darse el pase* loc. inhalar cocaína por la nariz // *tener un pase* loc. admitir algo, no considerar algo del todo mal.

pasma. f. cuerpo de policía // f. policía secreta.

paso. *al paso* loc. robo en el que el ladrón choca con la víctima y le quita la cartera // *paso del Ecuador* loc. (est.) celebración con viaje o fiesta por haber superado la mitad de los cursos de una carrera universitaria.

pasota. com. persona que vive con indifencia y al margen de las convenciones sociales.

pasote. m. hecho desproporcionado, exagerado.

pasotismo. m. desinterés, apatía.

password. *Véase* pasguor.

pasta. f. dinero // *pasta gansa* loc. mucho dinero; dinero que se consigue sin esfuerzo // *aflojar, sacudir o soltar la pasta* loc. pagar // *tocar la pasta a alguien* loc. vivir a expensas de alguien.

pastel. m. (marg.) falso, de escasa calidad // *descubrir el pastel* loc. descubrir un asunto oculto, un secreto.

pastelear. tr. (marg.) engañar, timar.

pasteleo. m. (marg.) venta de joyas falsas // *de pasteleo* loc. (marg.) falso, engaño.

pasti. f. pastilla, droga sintética.

pastilla. f. anticonceptivo oral // f. (dro.) droga sintética // *a toda pastilla* loc. rápidamente, a todo volumen, fuerte.

pastilleo. m. (dro.) consumo de drogas de diseño.

pastillero, ra. m. y f. (dro.) consumidor habitual de drogas sintéticas.

pastón. m. gran cantidad de dinero.

pata. f. pierna // *cagarse patas abajo* loc. aterrorizarse, atemorizarse // *estirar la pata* loc. morirse // *ir a pata* loc. ir andando // *mala pata* loc. mala suerte // *meter la pata* loc. equivocarse // *pata de cabra* loc. (marg.) palanqueta // *salir por patas* loc. irse rápidamente, huir.

patachicle. com. cojo.

patachula. *Véase* patachicle.

patada. *caer o sentar como una patada (en los cojones, en los huevos...)* loc. sentar mal // *dar cien patadas* loc. molestar, enojar // *dar la patada* loc. prescindir de alguien, despedir de un trabajo // *haber o tener algo a patadas* loc. haber o tener algo en gran cantidad // *echar a patadas* loc. echar con enfado a alguien.

patata. *patata caliente* loc. asunto conflictivo // *ser una patata* loc. ser algo de mala calidad.

patatús. *darle a alguien un patatús* loc. desmayarse, darle un ataque.

patearse. prnl. andar, caminar // prnl. derrochar, malgastar.

patera. f. precaria embarcación utilizada para el contrabando de personas o de droga.

patilla. *de patilla, por la patilla* loc. gratis // *tener patilla* loc. tener caradura, desfachatez.
patinar. intr. cometer un error, un desliz // *patinarle a uno o patinársela* loc. dar igual, ser indiferente // *patinarle a uno las neuronas* loc. *Véase* neuronas.
patinazo. m. error, equivocación.
patio. *¡cómo está el patio!* loc. expresión de asombro, sorpresa ante una situación negativa.
patitas. *poner de patitas en la calle* loc. despedir, echar.
patitos. *los dos patitos* loc. el número 22.
pato. *pagar el pato* loc. responsabilizar de una culpa ajena // *parecer un pato mareado* loc. ser poco habilidoso, torpe.
patochada. f. estupidez, bobada.
patoso, sa. adj. y s. poco habilidoso, torpe.
pava. f. (dro.) colilla de un cigarrillo, generalmente de hachís o marihuana // *echar la pava* loc. vomitar // *estar con la pava* loc. estar tonto // *pelar la pava* loc. coquetear mediante una conversación.
pavo, va. m. y f. persona, sujeto // necio, ingenuo // moneda de cinco pesetas // m. (dro.) síndrome de abstinencia de una droga // *estar en la edad del pavo* loc. ser adolescente.
payo, ya. m. y f. persona que no es de la etnia gitana.
payuno, na. *Véase* payo.
pea. f. borrachera.
peana. f. pie grande.
pecho. *partirse el pecho* loc. reírse mucho; trabajar duramente // *tomar a pecho* loc. considerar importante o grave, ofenderse.
pechonalidad. *tener mucha pechonalidad* loc. tener una mujer los pechos grandes.
pechuga. f. pechos de mujer.
pechugona. adj. y s. mujer de senos voluminosos.
peculio. m. (marg.) dinero que tiene un preso en la cárcel.
pedal. m. borrachera.
pedazo. *ser un pedazo de algo* loc. ser grande en algo // *ser un pedazo de carne con ojos* loc. ser bruto, tonto, inútil.
pedo. m. borrachera // m. (dro.) intoxicación causada por el consumo de drogas // *coger o pillar un pedo* loc. emborracharse // *estar pedo* loc. estar borracho // *irse al pedo* loc. expresión de rechazo.
pedorro, rra. adj. y s. tonto, estúpido, indeseable.
pedrusco. m. cantidad grande de hachís prensado.
pega. *de pega* loc. falso.
pegado, da. *quedarse pegado* loc. pasmarse, mirar fijamente, sorprenderse.
pegar. *no pegar ni chapa* loc. no hacer nada // *no pegar ni con cola* loc. no ser armónicas dos cosas, no combinar bien // *pegar algo a alguien* loc. ir bien, favorecer //

pegarle loc. beber alcohol en exceso // *pegársela* loc. engañar, ser infiel a la pareja.

pego. *dar el pego* loc. parecer, simular, aparentar, engañar.

pegote. m. acompañante indeseable // *tirarse el pegote* loc. presumir, fanfarronear.

peinar. tr. rastrear un lugar la policía /// *¡espera, que la están peinando!* loc. sé paciente.

peine. *enterarse de lo que vale un peine* loc. expresión que indica reprimenda o castigo.

pejiguera. f. molestia, fastidio.

pela. f. peseta // f. pl. dinero.

pela(d)o, (d)a. adj. calvo // *estar pelado* loc. no tener dinero.

pelanas. com. necio, estúpido.

pelandusca. f. prostituta // f. mujer promiscua.

pelar. tr. dejar sin dinero // *ir que se las pela* loc. ir muy rápido // tr. asesinar, matar // *pelársela* loc. masturbarse el hombre // *ser duro de pelar* loc. ser complicado, difícil.

pelele. com. persona inútil, estúpida.

pelendengues. *Véase* perendengues.

pelés. m. pl. testículos.

peli. f. película.

película. f. tema, asunto // f. falsedad, mentira // *contar películas* loc. excusarse, mentir // *de película* loc. impresionante, asombroso // *montarse una película* loc. obsesionarse, fantasear, excusarse // *no enterarse de la película* loc. no enterarse de nada, no saber.

peliculero, ra. adj. y s. mentiroso, embustero // fantasioso.

pelímetro. *Véase* pelín.

pelín. *pasarse un pelín* loc. excederse un poco.

pellas. *hacer pellas* loc. (est.) no asistir a clase.

pelleja. f. prostituta // f. mujer promiscua // f. prostituta vieja // f. (marg.) cartera.

pellejo. m. prostituta // *viejo pellejo* loc. anciano obseso sexualmente.

pellizco. m. (dro.) dosis de droga preparada para ser aspirada // *un buen pellizco* loc. gran cantidad de dinero.

pelma. com. persona molesta, pesada.

pelo. *a pelo* loc. desnudo; sin ayuda, por sí solo // *caérsele el pelo a alguien* loc. recibir un castigo // *dar para el pelo* loc. regañar, castigar, golpear // *de pelo en pecho* loc. muy masculino, valiente // *ni un pelo* loc. nada en absoluto // *no cortarse un pelo* loc. ser desvergonzado, atrevido // *no tener ni un pelo de tonto* loc. ser inteligente // *no ver el pelo a alguien* loc. no ver // *pasarse un pelo* loc. sobrepasarse, excederse // *poner los pelos de punta* loc. dar miedo, asustar // *tomar el pelo* loc. burlarse.

pelona. f. la muerte.

pelota. com. persona aduladora, servil // f. pl. testículos // f. cabeza // *con un par de pelotas* loc. con valor // *en pelota picada, viva o brava* loc. desnudo // *en pelotas* loc. desnudo // *estar hasta las pelotas* loc. estar harto // *hacer la pelota* loc. adular // *írsele a alguien la pelota* loc. trastornarse // *pasarse la pelota* loc. ceder a otra persona la responsabilidad de un asunto complicado // *por pelotas* loc. a la fuerza // *salirle algo de las pelotas a alguien* loc. apetecer, querer // *tener pelotas* loc. ser valiente // *tocar las pelotas* loc. molestar, fastidiar // *tocarse las pelotas* loc. holgazanear, estar ocioso.

pelotamen. m. testículos.

pelotazo. m. borrachera // m. consumición alcohólica // m. (dro.) sensación intensa por el consumo de droga // *dar el pelotazo* loc. enriquecerse rápidamente a través de influencias.

pelotear. tr. adular.

peloteo. m. adulación.

pelotera. f. discusión, pelea // *tener pelotera* loc. pelear.

pelotilla. com. adulador // f. pl. mocos // *hacer pelotillas* loc. sacar mucosidades y redondearlas con los dedos.

pelotudo, da. adj. y s. asombroso, genial.

pelu. f. peluquería.

peluco. m. reloj.

peluquín. *ni hablar del peluquín* loc. expresión de rechazo y negación.

pelusa. f. envidia, especialmente entre niños.

peluso. m. soldado novato.

pena. *ahogar alguien las penas* loc. emborracharse para olvidar // *de pena* loc. fatal, mal // *estar hecho una pena* loc. tener mal aspecto, estar mal vestido.

penalti. *casarse de penalti* loc. casarse por estar la mujer embarazada.

penca. f. pierna // f. prostituta.

pencar. intr. trabajar esforzadamente.

pendejada. f. tontería, estupidez.

pendejo, ja. m. y f. persona libertina, vividora.

pendón, ona. m. y f. persona vividora, juerguista, libertina // *pendón desoreja(d)o, verbenero* loc. mujer promiscua.

pendonear. intr. divertirse, salir de juerga.

pendoneo. m. diversión, juerga // *ir de pendoneo* loc. divertirse, tener pequeñas conquistas amorosas.

penta. f. (dro.) pentazocina.

peña. f. grupo de amigos // f. gente.

peñazo. adj. asunto pesado, tedioso.

Pepa. loc. *la tía Pepa* menstruación.

Pepe. m. vagina // *ponerse como un Pepe* loc. saciarse, divertirse.

pepinazo. m. golpe fuerte.

pepino. m. pene // m. proyectil // *alucinar pepinos* loc. asombrarse, sorprenderse // *dar por* *donde amargan los pepinos* loc. fastidiar, incordiar // sodomizar // *no importar un pepino* loc. no importar nada en absoluto // *tener la cabeza como un pepino* loc. tener la cabeza muy alargada.

pepita. f. clítoris.

peque. com. niño.

pera. f. pene // f. masturbación masculina // m. (marg.) comprador de objetos robados // f. pl. pechos de la mujer // *hacerse una pera* loc. masturbarse // *niño pera* loc. muchacho presumido y vanidoso // *ser la pera* loc. ser algo insólito, sorprendente, el colmo // *tocarse la pera* loc. holgazanear.

perantón. adj. y s. tonto, bobo.

percal. m. dinero // m. asunto, tema // *conocer el percal* loc. conocer de lo que trata un asunto o a las personas que intervienen en él.

percebe. m. inútil, bobo, torpe.

percha. f. tipo, aspecto físico.

perderse. intr. y prnl. marcharse, irse.

perdido, da. *ser un perdido* loc. ser una persona sin solución, de vida licenciosa.

perdiz. *marear la perdiz* loc. liarse, aturdir con un asunto.

perejil. m. (dro.) hachís, marihuana.

perendengues. m. pl. testículos.

perica. f. (dro.) cocaína // f. (marg.) mujer joven // f. (marg.) prostituta.

perico. m. (dro.) cocaína // m. (marg.) periódico.

período. m. tiempo de aislamiento de un preso recién ingresado antes de su calificación.

periquete. *en un periquete* loc. en un momento.

periquito. m. (dro.) cocaína // m. (marg.) policía inexperto // m. (fútbol) aficionado del F. C. Espanyol.

perista. com. (marg.) comprador de objetos robados.

perla. com. individuo, fulano // *de perlas* loc. fenomenal, genial.

perol. m. cabeza.

perola. f. cabeza.

perra. f. dinero // f. prostituta // f. rabieta, enfado // *coger una perra alguien* loc. obsesionarse, obstinarse // *estar sin una perra* loc. no tener dinero.

perrera. f. furgón policial.

perrería. f. mala acción.

perro, rra. m. y f. malo, holgazán, vago // m. agente de policía // m. y f. (marg.) delator, confidente // *echar los perros a alguien* loc. reprender, regañar // *perro viejo* loc. persona experimentada // *saberlo todo perro pichi* loc. saberlo todo el mundo.

persiana. *enrollarse como una persiana* loc. hablar excesivamente.

personal. m. gente.

pesca. *... y toda la pesca* loc. y el resto, y todo lo demás.

pescar. tr. coger desprevenido, detener // tr. comprender, entender.

peseta. m. pl. taxista // m. pl. avaro, tacaño // *cambiar la peseta* loc. vomitar.

pesetero, ra. adj. avaro, tacaño // m. y f. taxista.

pestaña. f. (marg.) agente de policía // *quemarse las pestañas* loc. estudiar mucho.

pestañí. *Véase* pestaña.

peste. *decir o echar pestes de alguien* loc. criticar de forma ofensiva, maldecir.

pestiño. m. persona o cosa pesada, aburrida.

pestuzo, za. adj. y s. feo.

peta. m. (dro.) cigarrillo de hachís o marihuana // m. (marg.) documentación, identificación de una persona // (marg.) en la cárcel, prestigio del preso.

petaca. *hacer la petaca* loc. doblar la sábana superior de la cama para que no se puedan estirar las piernas al meterse en ella.

peta(d)o, a(d)a. *estar petado* loc. estar lleno de gente // estar bajo los efectos de una droga.

petar. tr. (marg.) romper, reventar.

petardear. intr. presumir, vanagloriarse.

petardeo. m. frivolidad // m. cojunto de gente presuntuosa.

petardo, da. m. y f. persona poco interesante, aburrida, molesta // m. y f. persona fea // adj. aburrido, pesado, malo // m. (dro.) cigarrillo de hachís o marihuana.

petarse. prnl. estropearse, averiarse.

pez. *pez gordo* loc. persona importante, con mucho dinero // *estar pez* loc. desconocer, no saber nada.

pezuña. f. pie // f. mano.

piano. *como un piano* loc. grande, enorme // *tocar el piano* loc. (marg.) registrar las huellas dactilares en una ficha policial.

piante. adj. y s. delator, confidente.

piar. intr. hablar // intr. (marg.) delatar, denunciar // *piarlas* loc. molestar, quejarse.

piastra. f. peseta.

pibe, ba. m. y f. joven, muchacho, chico.

pibón. m. muchacha muy atractiva.

picadero. m. lugar destinado para relaciones sexuales // m. (dro.) sitio para inyectarse droga.

picador. m. (marg.) carterista.

picapleitos. com. abogado.

picar. tr. molestar, fastidiar, enfadar // tr. comer entre horas // ser engañado // competir // tr. (marg.) robar, hurtar // tr. (marg.) matar, asesinar // *picarse* prnl. enfadarse // prnl. (dro.) inyectarse droga por vía intravenosa.

picha. f. pene // *hacérsele la picha un lío a alguien* loc. confundirse, liarse.

pichabrava. m. hombre promiscuo.

pichafloja. m. hombre frío, impotente.

pichafría. *Véase* pichafloja.

Picio. *ser más feo que Picio* loc. ser una persona muy fea.

pico. m. boca // m. beso // m. (dro.) inyección de droga por vía intravenosa // m. (marg.) guardia civil // m. (marg.) dedos índice y corazón empleados para robar carteras // *cerrar el pico* loc. callarse // *darle al pico* loc. conversar, hablar // *darse el pico* loc. besarse // *de picos pardos* loc. de juerga // *meter el pico* loc. entrometerse // (marg.) robar // *meterse un pico* loc. inyectarse droga // *pico de oro* loc. persona locuaz, habladora.

picoleto. m. miembro de la guardia civil.

picota. f. nariz // com. (dro.) drogadicto que se inyecta habitualmente.

picotazo. m. (dro.) inyección de droga.

piculina. f. prostituta.

pie. *andar con pies de plomo* loc. ser precavido, actuar con cautela // *creer algo a pies juntillas* loc. creer totalmente, sin duda // *levantarse con el pie izquierdo* loc. levantarse de mal humor, tener un día de mala suerte // *no dar pie con bola* loc. equivocarse, errar // *no tener ni pies ni cabeza* loc. no tener sentido, no ser coherente // *pararle los pies a alguien* loc. impedir las pretensiones de alguien // *poner pies en polvorosa* loc. salir rápidamente, escapar // *saber de qué pie cojea alguien* loc. conocer las debilidades de alguien // *salir con los pies por delante* loc. sacar muerto // *salir por pies* loc. salir, escapar.

piedra. f. (dro.) trozo de hachís prensado // *dejar de piedra* loc. asombrar, dejar atónito // *no ser de piedra* loc. no ser insensible a los estímulos sexuales // *pasar(se) por la piedra a alguien* loc. realizar el coito con alguien.

piel. f. (marg.) billetero, cartera.

pienso. f. comida.

piercing. *Véase* pirsin.

piernas. *abrirse de piernas* loc. estar dispuesta una mujer a copular // *salir por piernas* loc. salir rápidamente.

pieza. *ser buena pieza* loc. ser una persona conflictiva, peligrosa.

pifia. f. equivocación, error.

pifiarla. loc. equivocarse, estropear algo // morirse.

pifostio. m. jaelo, alboroto // m. golpe.

pija. f. pene.

pijada. f. tontería, bobada, estupidez.

pijama. *pijama de madera* loc. ataúd.

pijerío. m. conjunto de gente pija.

pijo, ja. adj. y s. persona vanidosa, presumida, que sigue una línea de actuación aburguesada, acomodada, convencional // m.

pene // *importar un pijo* loc. no importar nada, ser indiferente // *no entender un pijo* loc. no comprender nada // *no saber ni un pijo* loc. no saber nada // *salirle del pijo* loc. apetecer, querer.
pijotada. f. bobada, tontería.
pijotería. *Véase* pijotada .
pijotero, ra. adj. y s. presumido, vanidoso // persona pesada, meticulosa.
pilas. *poner(se) las pilas* loc. animar(se) a iniciar una actividad; golpear.
píldora. f. anticonceptivo oral // *dorar la píldora* loc. adular.
pilila. f. pene.
pilingui. f. prostituta.
pillado, da. *estar pillado* loc. no tener dinero o tiempo // (dro.) ser adicto a una droga.
pillar. tr. entender, enterarse // coger, atrapar // tr. (dro.) comprar droga // *pillar cacho* loc. conseguir algo // *pillarse una...* prnl. loc. emborracharse.
pilón. *bajar(se) al pilón* loc. realizar el sexo oral.
pilonero, ra. m. y f. persona que realiza el sexo oral.
piltra. f. cama.
pimiento. *importar un pimiento* loc. no importar nada // *no valer un pimiento* loc. ser de poco valor.
pimplar. tr. beber alcohol.
pincha. *Véase* pinchadiscos.
pinchadiscos. com. persona que se encarga de poner o remezclar la música en un local.
pinchar. tr. poner o remezclar música // intr. fastidiar, molestar // intr. fracasar // tr. intervenir un teléfono // tr. (marg.) dar un navajazo, una cuchillada // prnl. (dro.) inyectarse droga por vía intravenosa.
pinchazo. m. intervención que se realiza en un teléfono para su escucha // m. embarazo que no ha sido deseado // m. (marg.) navajazo, puñalada // m. (dro.) inyección de una droga por vía intravenosa // *tener un pinchazo* loc. fracasar, malograrse un asunto.
pincho. m. aperitivo, ración de comida // m. (marg.) navaja, objeto punzante.
pindonga. f. prostituta.
pindonguear. intr. callejear // intr. salir a divertirse // intr. provocar sexualmente.
pindongueo. m. diversión.
pinga. m. pene.
pingajo. *Véase* pinga.
pingo. m. mujer promiscua // m. mujer indeseable // *ir de pingo* loc. salir a divertirse.
pingonear. intr. callejear // intr. salir a divertirse // intr. provocar sexualmente.
pingoneo. m. diversión.
pingüi. m. vuelta, paseo.
pino. *como la copa de un pino* loc. algo muy grande // *en el quinto pino* loc. que se encuentra muy lejos // *plantar un pino* loc. defecar.
pinreles. m. pl. pies.

pinta. f. aspecto // f. medida de cerveza // *pintas* com. persona con el aspecto desaliñado.
pintado. *salir o venir que ni pintado* loc. salir algo bien, ser oportuno.
pintar. tr. tener importancia // *pintar la mona* loc. vaguear, no hacer nada.
piña. f. golpe // f. personas muy unidas afectivamente.
piñá. *Véase* piñata.
piñata. f. dentadura.
piño. m. diente.
piñón. *estar a partir un piñón* loc. ser muy amigos // *ir a piñón fijo* loc. ir rápido y sin pausa.
piojo. m. persona indeseable // *piojo verde* loc. (marg.) guardia civil.
piojoso, sa. adj. y s. persona despreciable, de aspecto desaliñado.
pipa. f. revólver, pistola // f. clítoris // com. (marg.) vigilante // *no tener ni para pipas* loc. carecer de dinero // *pasarlo pipa* loc. divertirse, disfrutar.
pipear. tr. (marg.) mirar, vigilar.
pipí. m. pene de un niño // m. orina // *hacer pipí* loc. orinar.
pique. m. rabieta, enfado // m. (dro.) inyección de droga por vía intravenosa // *irse a pique* loc. fracasar, malograrse un asunto.
piquero, ra. m. y f. (marg.) carterista.
piquetear. tr. intentar imponer el mantenimiento de una huelga // tr. decir algo inapropiado, hablar más de la cuenta.
pira(d)o, (d)a. adj. loco, trastornado.
pirarse. prnl. irse, marcharse // *pirárselas* loc. marcharse.
pirata. com. persona que emplea medios ilegales para lucrarse // adj. ilegal, fraudulento.
piratear. tr. realizar copias ilegales de un producto.
pire. *darse el pire* loc. irse, marcharse.
piri. m. (marg.) comida.
piripi. *estar piripi* loc. estar ebrio, borracho.
piro. *darse el piro* loc. irse, marcharse.
pirrarse. *pirrarse por algo o alguien* loc. gustar, desear.
pirsin. (del inglés *piercing*) agujerearse la piel para introducirse una joya u ornamento.
pirula. f. pene // f. (marg.) estafa // f. (dro.) pastilla, droga sintética // *hacer la pirula* loc. estafar, engañar // *hacer una pirula* loc. cometer una infracción de tráfico // *montar la pirula* loc. organizar un jaleo, alborotar, discutir.
piruli. *chachi piruli* loc. genial, estupendo.
pirulí. m. pene de un niño.
pirulina. f. pene de un niño.
pis. m. orina // *hacer (un) pis* loc. orinar.
pisar. *pisar a alguien* loc. anticiparse a alguien en la consecución de sus deseos // *pisar los ta-*

lones loc. perseguir a corta distancia.

pispar. prnl. enterarse // tr. beber // tr. (marg.) hurtar, robar.

pisto. *darse pisto* loc. alardear, presumir // *tirarse el pisto* loc. fanfarronear.

pistola. f. barra de pan // f. pene.

pistoleras. f. pl. acumulación de grasa en las caderas.

pistolero. m. guardia jurado.

pistolo. m. soldado // m. pistola.

pistonudo, da. adj. genial, estupendo.

pitar. tr. funcionar // *irse, marcharse o salir pitando* loc. salir de prisa, irse rápidamente.

pítima. f. borrachera.

pito. m. pene // m. cigarrillo // *importar un pito* loc. no importar nada // *no saber un pito de algo* loc. no saber nada // *tocarse el pito* loc. haraganear, estar ocioso // *tomar por el pito de un sereno* loc. no dar importancia, no tomar en serio, menospreciar.

pitones. m. pl. pechos de mujer, firmes y prominentes.

pitopausia. f. andropausia, impotencia masculina debido a la edad.

pitopáusico. adj. hombre que padece andropausia.

pitote. m. alboroto, jaleo.

pitufo, fa. m. y f. niño pequeño // m. y f. policía municipal.

pizarrín. m. pene // *mojar el pizarrín* loc. copular el hombre.

placa. f. (dro.) trozo grande y alargado de hachís.

plajear. tr. (marg.) fumar.

plajo. m. (marg.) cigarrillo.

plan. m. relación amorosa pasajera // m. conquista amorosa, ligue // *no haber plan* loc. no haber acuerdo con alguien, no haber empatía.

plancha. *hacer o tirarse una plancha* loc. cometer una equivocación.

planchado, da. *quedarse planchado* loc. quedarse atónito, decepcionado, asombrado.

plantar. tr. dejar, abandonar.

plantado, da. *dejar plantado* loc. no asistir a una cita, abandonar.

plante. m. (marg.) tubo pequeño, utilizado para ocultar droga o dinero, que se introduce en el ano o vagina // m. (marg.) en un timo, papeles que se hacen pasar por dinero.

plantón. *dar plantón* loc. no asistir a una cita.

plas, plasa. m. y f. (marg.) hermano, amigo.

plasta. com. persona pesada, aburrida // f. excremento blando // f. (marg.) policía // *dar la plasta* loc. incordiar, aburrir.

plástico. *de plástico* loc. falso, de escasa calidad.

plata. f. dinero // f. (dro.) papel de aluminio utilizado para quemar droga // *hablando en plata* loc. diciendo las cosas tal como son, sin rodeos.

plátano. m. pene.
plato. *no haber roto (nunca) un plato* loc. no haber hecho nada malo, ser una buena persona // *pagar los platos rotos* loc. responsabilizar de las culpas ajenas.
playboy. m. hombre conquistador, seductor.
plin. *¡a mí, plin!* loc. expresión que indica total indiferencia y desinterés.
plomazo. adj. y s. aburrido, pesado.
plomífero, ra. *Véase* plomazo
plomo. m. persona pesada y aburrida // *fundírsele los plomos a alguien* loc. enloquecer, trastornarse.
pluma. m. homosexual afeminado // *tener pluma* loc. ser afeminado, homosexual.
plumero. *vérsele a alguien el plumero* loc. descubrir las intenciones de otra persona.
plumífero, ra. adj. amanerado.
pocho. *estar pocho* loc. estar enfermo.
pocholada. f. persona o cosa bonita.
pocholo, la. adj. bonito, gracioso.
póker. *poner cara de póker* loc. poner cara seria o de despiste.
polaco, ca. adj. y s. catalán.
polca. f. lío, jaleo // *ser del año de la polca* loc. ser muy antiguo.
polen. m. (dro.) hachís de buena calidad.
polizonte. m. policía.
polla. f. pene // *comer la polla* loc. hacer una felación // *estar hasta la polla* loc. estar harto // *¡me suda la polla!* loc. expresión de total indiferencia // *partirse la polla* loc. reírse mucho // *¡pollas en vinagre!* loc. expresión de enfado, rechazo // *¡qué ... ni qué pollas!* loc. expresión de negación y rechazo // *salirle a alguien de la polla* loc. apetecer, querer // *ser la polla* loc. ser increíble, impresionante // *tocar la polla* loc. expresión de rechazo // *¡y una polla (como una olla)!* loc. expresión de negación.
pollo. m. joven // m. escupitajo, gargajo // *montar el pollo* loc. alborotar, discutir acaloradamente.
polvazo. m. coito, cópula.
polvete. m. coito, cópula // *echar un polvete* loc. copular.
polvo. m. coito, cópula // m. (dro.) droga en polvo // *dejar hecho polvo* loc. dejar deprimido, disgustado, cansado // *echar un polvo* loc. realizar la cópula sexual // *estar para un polvo* loc. ser atractivo sexualmente // *polvo de ángel* loc. (dro.) cocaína // *tener un polvo* loc. ser atractivo sexualmente.
polvorosa. f. (marg.) calle, carretera // *poner pies en polvorosa* loc. salir corriendo.
pomada. f. cosa buena, estupenda // *dar pomada a alguien* loc. halagar // *estar en la pomada* loc. estar enterado del tema que se está tratando.

pompis. m. nalgas.
poner. intr. atraer sexualmente // *poner a caldo, a parir* loc. criticar con dureza, reprochar // *ponerse* loc. consumir droga.
popa. f. nalgas.
pope. com. persona influyente, importante.
póper. (del inglés *popper*) (dro.) nitrito de amilo, droga con poder euforizante.
popó. m. excremento // m. nalgas // *hacer popó* loc. defecar.
popper. *Véase* póper.
porcata. f. marg. discusión, pelea.
porculizar. tr. sodomizar.
porfa. adv. por favor.
porno. adj. pornográfico.
porra. f. pene // f. apuesta, rifa, sorteo // *a la porra* loc. expresión de rechazo // *de la porra* loc. expresión despectiva hacia una persona o cosa // *enviar o mandar a la porra* loc. expresión despectiva de rechazo // *¡qué porras!* loc. expresión que indica la toma de una decisión o un refuerzo de lo dicho.
porrero, ra. m. y f. fumador asiduo de cigarrillos de hachís o marihuana.
porreta. com. fumador asiduo de cigarrillos de hachís o marihuana.
porrillo. *a porrillo* loc. en gran cantidad, abundantemente.
porro. m. (dro.) cigarrillo de hachís o marihuana // *darle o pegarle al porro* loc. (dro.) fumar habitualmente cigarrillos de marihuana o hachís // *matar el porro* loc. (dro.) terminar un cigarrillo de hachís o marihuana.
porrón. *un porrón* loc. mucho.
porsi. adv. por si acaso.
portera. f. persona que critica a los demás, chismosa.
postura. f. (dro.) cantidad de hachís que se vende a un precio acordado con el comprador.
pota. f. vómito // *echar la pota* loc. vomitar.
potable. adj. pasable, aceptable.
potar. intr. vomitar.
pote. m. vaso pequeño de vino // *darse pote* loc. jactarse, alardear, presumir.
potear. intr. beber vasos de vino de bar en bar con un grupo de amigos.
potente. adj. de gran atracción física.
poteo. *ir de poteo* loc. ir de bares.
potorro. m. vagina.
potra. f. buena suerte.
potro. m. (dro.) heroína.
pozo. m. boca.
prenda. m. individuo, sujeto, persona // apelativo cariñoso, persona encantadora.
prensa. *prensa amarilla* loc. prensa sensacionalista // *prensa del corazón, prensa rosa* loc. prensa que trata sobre la vida de los famosos // *tener alguien buena o mala prensa* loc. tener buena o mala fama.

primarón, ona. m. y f. incauto, ingenuo.
primavera. adj. y ú.t.c.s. incauto, inocente // víctima de un delito.
prímer. adj. primero.
primi. f. Lotería Primitiva.
primo, ma. m. y f. incauto, ingenuo, inocente // *hacer el primo* loc. hacer el tonto, quedar en una situación de desventaja o vergonzosa ante los demás.
princesa. f. homosexual joven.
pringa(d)o, (d)a. m. y f. persona fácil de engañar, ingenuo, incauto // m. y f. persona que asume responsabilidades fastidiosas // m. y f. (marg.) vícitma de un robo.
pringar. tr. trabajar // intr. morir // intr. perder en el juego // *pringarla* loc. equivocarse; morir // *pringarse* prnl. estar implicado en asuntos ilegales.
priva. f. bebida alcohólica.
privar. tr. consumir bebidas alcohólicas, beber.
prive. *Véase* priva.
profe. com. (est.) profesor.
progre. adj. y s. persona que tiene ideas liberales, progresistas.
prójima. f. mujer, esposa.
proleta. adj. y s. proletario.
pronto. *darle un pronto* loc. hacer algo inesperado de forma repentina.
prosti. f. prostituta.
prota. com. protagonista.
prote. m. (marg.) Tribunal Tutelar de Protección de Menores.
protegida. f. (prost.) prostituta, en relación con el proxeneta.
provo. adj. provocativo.
púa. f. peseta.
pucelano, na. adj. y s. vallisoletano.
puchar. tr. (marg.) hablar, decir, contar.
puchelar. *Véase* puchar.
púcher. (del inglés *pusher*) m. (dro.) traficante de droga al por mayor.
puente. *hacer el puente* loc. conectar los cables de encendido de un coche para arrancarlo.
puercada. f. mala acción.
puerco, ca. m. y f. persona poco higiénica // m. y f. persona despreciable.
puerro. m. cigarrillo de hachís o marihuana.
¡puerta! interj. expresión utilizada para echar o despedir a alguien de mala manera // *dar con la puerta en las narices* loc. impedir la entrada de alguien en su presencia // *dar puerta* loc. despedir de malos modos a alguien.
puesto, ta. *estar puesto* loc. conocer un asunto // (dro.) estar bajo los efectos de una droga // *tenerlos bien puestos* loc. ser decidido, valiente.
pufo. m. engaño, deuda.
pulgas. *buscar las pulgas a alguien* loc. molestar, incordiar // *tener malas pulgas* loc. tener mal carácter.
pulgoso, sa. adj. y s. persona desaliñada.

pulguero. m. cama.
pulir. tr. vender // tr. comer // prnl. gastar.
pulla. f. jaleo, alboroto.
pulpo. m. persona que le gusta tocar a otras, normalmente con ánimo lujurioso // *dar la del pulpo* loc. pegar, golpear // *estar más perdido que un pulpo en un garaje* loc. estar totalmente despistado.
pulseras. f. pl. (marg.) esposas.
punk. m. movimiento juvenil de orientación anarquista, que tuvo su origen a mediados de los años setenta.
punki. adj. y s. relativo al movimiento punk.
punta. *a punta pala* loc. en gran cantidad // *ponerse o ir de punta en blanco* loc. vestirse elegantemente.
puntada. f. referencia mordaz.
puntazo. m. ocurrencia, situación o asunto divertido, gracioso.
punto. m. individuo // m. ocurrencia graciosa // *coger un punto* loc. estar eufórico por la ingestión de bebidas alcohólicas // *dar el punto* loc. dejarse llevar por un impulso // *poner los puntos sobre las íes* loc. aclarar una situación o asunto // *¡qué punto!* loc. expresión que indica lo asombroso o gracioso de una situación // *tener un punto* loc. estar bajo los efectos del alcohol, de la droga // *¡y punto!* loc. y se acabó, y ya está todo dicho.
puñalada. *puñalada trapera* loc. acción malintencionada, traicionera.
puñeta. f. problema, asunto complicado, difícil. // f. pl. tonterías, excusas // *de la puñeta* loc. expresión que indica fastidio, desprecio // *de puñetas* loc. grande, enorme, impresionante // *hacer la puñeta a alguien* loc. incordiar, molestar, fastidiar // *hacerse la puñeta* loc. masturbarse el hombre // *mandar o enviar a hacer puñetas* loc. expresión de rechazo, desprecio, enfado // *importar una puñeta* loc. ser indiferente, no importar // *irse a hacer puñetas* loc. malograrse, estropearse // *¡qué puñetas!* loc. expresión que señala enfado, asombro, rechazo // *quinta puñeta* loc. lejos.
puñetería. f. incordio, molestia.
puñetero, ra. adj. difícil, complicado, molesto, indeseable // m. y f. persona despreciable.
puños. *verdades como puños* loc. verdades evidentes.
pupas. com. persona desafortunada o que se queja en exceso.
pupila. f. (prost.) prostituta.
puré. *estar hecho puré* loc. estar decaído, agotado, cansado // *hacer puré a alguien* loc. agredir, dañar gravemente.
pureta. com. anciano // com. persona de ideas conservadoras, reaccionarias.
purga. *ser la purga (de) Benito o la purga del tío Benito* loc. ser algo curativo y sorprendentemente efectivo.

purgaciones. f. pl. blenorragia.
purgaretas. f. pl. blenorragia.
Puri. f. vocativo para homosexual.
purili. adj. y s. viejo, anciano.
puro. m. sanción, castigo // *meter un puro* loc. castigar, sancionar.
pus. m. semen.
pusca. f. (marg.) revólver, pistola.
pusher. *Véase* púcher.
puta. f. prostituta // f. mujer promiscua // f. la sota de la baraja española // *cagarse en la puta* loc. expresión de enojo, fastidio // *cagarse en la puta madre de alguien* loc. expresión empleada para ofender o insultar a alguien // *callarse como putas* loc. callarse astutamente // *de puta madre* loc. fantástico, estupendo, genial // *de una puta vez* loc. de una vez por todas // *ir de putas* loc. irse con una prostituta o a un prostíbulo // *¡la puta!, ¡la puta de oros!, ¡la puta de bastos!, ¡la gran puta!, ¡la puta que te parió!* loc. expresión de enfado, desprecio, indignación // *(no tener) ni puta idea* loc. ignorar totalmente, desconocer // *pasarlas putas* loc. pasar por una situación difícil, complicada, arriesgada.
putada. f. acción malintencionada, faena.
putadita. f. jugarreta, faena, fastidio.
puteado, da. adj. perjudicado, dañado, fastidiado.
putear. tr. incordiar, molestar, fastidiar, perjudicar.
puteo. m. prostitución // m. incordio, fastidio.
putería. f. sagacidad, astucia.
puterío. m. prostitución.
putero. m. cliente asiduo de prostitutas.
puti. m. prostíbulo // f. prostituta.
putíbulo. *Véase* puticlub.
puticlub. m. prostíbulo.
putiferio. *Véase* puticlub.
putilla. f. mujer promiscua.
puto, ta. m. y f. prostituto // adj. indeseable, miserable // adj. y s. persona dañina, despreciable // *callarse como un puto* loc. callarse astutamente.
putón, ona. m. y f. prostituta // m. y f. mujer promiscua // *putón desorejado o verbenero* loc. mujer libertina, promiscua.
putorra. f. prostituta // f. mujer promiscua.

Q

quedada. f. broma, burla // conocerse personalmente gente que chatea por internet.

quedarse. *quedarse con algo* loc. enterarse, darse cuenta // *quedarse con alguien* loc. burlarse, engañar // enamorarse // mirar insistentemente // *quedarse en el sitio* loc. morir // *quedarse frito, soba(d)o* loc. dormirse.

quedón, ona. adj. y s. bromista, guasón // enamoradizo.

quejica. adj. y s. persona que se queja por cualquier cosa.

quel. *Véase* quelo.

queli. f. (marg.) casa.

quelo. m. (marg.) casa.

quemado, da. asj. harto, cansado, sin ánimos // adj. (marg.) persona que es conocida por la policía.

quemar. tr. cansar, hartar // *quemar caucho* loc. conducir muy rápido // (del inglés *burn*) grabar CDs // (marg.) antecedentes penales.

queo. f. (marg.) casa // f. (marg.) aviso, señal // *dar el queo* loc. (marg.) avisar de un peligro // *darse el queo* loc. (marg.) marcharse, huir.

quer. f. (marg.) casa.

querer. *como quien no quiere la cosa* loc. sigilosamente.

querido, da. m. y f. amante.

querindongo, ga. *Véase* querido, da.

quesera. f. zapato.

queso. m. pie // *dárselas a alguien con queso* loc. engañar // *estar como un queso* loc. ser físicamente atractivo.

Quico. *ponerse como el Quico* loc. saciarse de comida.

quíe. m. (marg.) preso que tiene mucho poder en el interior de la cárcel.

quilar. tr. (marg.) copular.

quilé. m. (marg.) pene.

quilombo. m. jaleo, alboroto // prostíbulo.

quillo, lla. m. y f. muchacho, joven.
quina. *tragar quina* loc. soportar resignadamente una reprimenda.
quina(d)or, (d)ora. m. y f. (marg.) ladrón.
quinar. tr. (marg.) robar, hurtar.
quinqué. *tener quinqué* loc. tener picardía, audacia.
quinqui. com. delincuente, ladrón // com. persona de poco fiar // com. persona de aspecto desaliñado // com. persona del mundo del hampa // com. vendedor de chatarra, quinquillero.
quinto, ta. m. y f. coetáneo // m. botellín de cerveza // *en el quinto pino* loc. muy lejos.
quiqui. m. cigarrillo de hachís o marihuana // m. cópula // *echar un quiqui* loc. fornicar, copular.
quirófano. m. (marg.) tortura en la que se pone a una persona esposada boca arriba encima de una mesa con la cabeza y el tronco colgando.
quisque. *todo quisque* loc. todos, todo el mundo.
quisqui. *Véase* quisque.

R

raba. f. vómito // *echar la raba* loc. vomitar.
rábano. *importar un rábano* loc. ser indiferente, no importar // *¡y un rábano!* loc. expresión de rechazo o de negación.
rabioso, sa. adj. intenso, grande.
rabo. m. pene // *ir(se) con el ra-bo entre las piernas* loc. irse de una manera humillante, marcharse abatido, denostado // *poner rabo* loc. (marg.) seguir, vigilar // *poner un rabo* loc. sodomizar.
raca. com. tacaño // m. (marg.) coche.
racanear. intr. ser tacaño // intr. holgazanear.
rácano, na. adj. y s. tacaño // vago, holgazán.
rachí. f. (marg.) coche.
radio. *radio macuto* loc. origen incierto de los rumores.
raja. f. vagina, vulva.
raja(d)o, (d)a. adj. y s. cobarde, persona que decide no realizar lo pactado.
rajar. tr. herir con arma blanca // intr. hablar, charlar // prnl. no realizar lo pactado por temor.
rama. f. (dro.) marihuana // *andarse o irse por las ramas* loc. desviarse del tema central de conversación, divagar.
ramalazo. *tener un ramalazo* loc. ser amanerado, homosexual // aparentar, parecer.
ramo. *ser del ramo (del agua)* loc. ser homosexual.
rana. *salir rana* loc. defraudar, no resultar lo que se esperaba.
randar. tr. (marg.) robar, hurtar.
rap. m. estilo musical basado en recitados rítmicos.
rapero, ra. m. y f. seguidor del estilo rap.
raro, ra. *ser más raro que un perro verde* loc. ser muy raro.

rarillo, lla. adj. y s. homosexual.
rasca. f. frío // f. conversación // f. borrachera // f. (marg.) parte del botín de un robo que corresponde a cada uno de los delincuentes.
rascarse. *rascarse la barriga* loc. estar ocioso, vaguear.
rascatripas. com. persona aprovechada, caradura.
raspa. com. persona poco cordial, arisca // f. criada.
rata. com. tacaño, avaro // com. persona despreciable // com. ladronzuelo // *rata de biblioteca* loc. persona aplicada en los estudios // *rata de sacristía* loc. persona beata.
rave. *Véase* reif.
raya. f. (dro.) dosis de cocaína u otra droga en polvo dispuesta para ser inhalada// *mantener a raya* loc. tener bajo control // *pasarse de la raya* loc. sobrepasarse, excederse.
rayarse. prnl. repetir alguien una y otra vez lo mismo, trastornarse, desvariar.
rayo. *que parta a alguien un rayo* loc. expresión utilizada para maldecir a alguien // *oler a rayos* loc. apestar, oler mal.
real. *no valer un real* loc. valer poco // *no tener un real* loc. estar sin dinero.
rebotarse. prnl. molestarse, enfadarse.
rebote . m. enfado.
recañí. f. (marg.) ventana.
receta. f. multa // *extender la receta* loc. multar, sancionar.
recibo. *no ser de recibo* loc. ser inadmisible, inaceptable.
recochinearse. prnl. burlarse.
recochineo. m. burla, guasa.
¡recórcholis!. interj. expresión de asombro, enojo...
recortada. f. (marg.) escopeta de cañones recortados.
¡rediós! interj. expresión de asombro, enfado...
redondo. m. homosexual // m. bisexual // *caer redondo* loc. caer repentinamente al suelo // dormirse profundamente después de una actividad agotadora // *salir algo redondo* loc. salir bien.
refanfinflar. *a mí, me la refanfinfla* loc. ser indiferente, dar igual.
refrito. m. mezcla de fragmentos de distintas obras para componer otra.
regadera. *estar como una regadera* loc. estar loco, ido.
registro. m. (marg.) especialidad delictiva.
rehostia. *ser la rehostia* loc. ser increíble, inaudito, asombroso.
reif. (del inglés *rave*) f. cultura musical que abarca las tendencias electrónicas // f. sesión de música electrónica.
reina. f. homosexual amanerado // f. (dro.) heroína.
reinol. m. (dro.) fármaco de acción sedante, Rophinol.
reinona. f. homosexual amanerado.

reja. *estar entre rejas* loc. estar detenido, encarcelado.
releche. *ser la releche* loc. ser inaudito, increíble, el colmo.
remo. *meter el remo* loc. decir o hacer algo inoportuno, equivocarse.
renacuajo. m. niño pequeño.
rengue. m. (marg.) tren.
renuncio. m. mentira, contradicción.
repampinflar. *a mí, me la repampinfla* loc. ser indiferente, dar igual.
repanocha. *ser la repanocha* loc. ser sorprendente, inaudito, increíble.
repaso. *dar un repaso a alguien* loc. pegar, golpear, regañar // en deporte, batir ampliamente al rival.
repatear. intr. molestar, fastidiar, enojar.
repe. adj. repetido.
repera. *ser la repera* loc. ser algo insólito, sorprendente, el colmo.
repesca. f. (est.) examen extraordinario de recuperación de una asignatura.
resbalar. *resbalarle a uno algo* loc. dar igual, serle indiferente.
restregar. *restregar algo a alguien (por los morros o por las narices)* loc. recriminar, dar envidia.
resultón, ona. adj. persona con atractivo sexual.
retaco. m. persona de baja estatura // m. niño.
retaguardia. f. nalgas.
retrasado, da. adj. y s. tonto, estúpido.
retratarse. prnl. pagar, invitar.
retro. adj. antiguo, conservador, retrógrado.
reventar. tr. cansar, agotar, fatigar // tr. fastidiar, enfadar // tr. romper, estropear.
revolcón. m. cópula, relación sexual.
rey. *vivir como un rey* loc. vivir muy bien.
ridi. adj. ridículo.
rifo. m. (marg.) niño utilizado para pedir limosna.
rilado, da. *estar rilado* loc. aterrorizarse, acobardarse.
rilarse. prnl. peerse, ventosearse // prnl. tener miedo.
riñón. *dar un golpe de riñón* loc. copular.
risa. *espatarrarse, mearse, mondarse, morirse, partirse de risa* loc. reírse mucho // *hacerse unas risas* loc. reírse // *ser algo de risa* loc. ser ridículo, increíble.
Rita. *que lo haga Rita* loc. expresión que indica que no se quiere asumir un determinado trabajo o tarea // *Rita la cantaora* loc. cualquiera // *santa Rita, Rita, lo que se da no se quita* loc. expresión que señala que lo dado ya no se devuelve.
roca. f. (dro.) cocaína sin pulverizar // f. (dro.) dosis de crack // *visitar al señor Roca* loc. ir al cuarto de baño.
roda. m. (marg.) automóvil.

rodado, da. *estar o ser una persona rodada* loc. ser una persona experimentada // *salir rodado algo* loc. salir bien un asunto.

rodante. m. (marg.) automóvil.

Rodríguez. m. hombre que se queda solo en casa mientras su familia está de vacaciones.

rojeras. adj. y com. persona de ideas de izquierda.

rojo. m. persona de ideas de izquierda // *estar en números rojos* loc. tener déficit económico, deber dinero // *estar rojo* loc. (marg.) tener antecedentes penales // *ponerse rojo (como un tomate)* loc. ruborizarse.

rollazo. m. asunto pesado, aburrido.

rollero. m. persona habladora.

rollito. *buen rollito* loc. buen ambiente, buena empatía.

rollo. m. asunto o persona pesada, aburrida // m. discurso largo y aburrido // m. engaño, mentira // m. asunto, tema // adj. aburrido, cargante // *cortar el rollo* loc. quitar la disposición, el ánimo // callar, interrumpir un discurso o actividad // *dar buen o mal rollo* loc. dar buena o mala impresión // *darle al rollo* loc. (dro.) fumar habitualmente hachís o marihuana // *haber rollo* loc. congeniar amistosa o sexualmente con alguien // *ir al rollo de uno* loc. actuar de acuerdo a su propio carácter o criterios // *irle el rollo* loc. gustar la diversión, el sexo, las drogas, etc. // *rollo macabeo, patatero* loc. asunto aburrido, engañoso, falso // *soltar el rollo* loc. aburrir con un discurso pesado, tedioso // *tener mal rollo* loc. producir una impresión negativa // *tirarse el rollo* loc. invitar // *tirarse un rollo* loc. jactarse, presumir // ser solidario, amistoso // *traer mal rollo* loc. dar mala suerte // traer malos recuerdos // *traerse un mal rollo* loc. tener una actitud negativa.

romano. m. (marg.) agente de policía uniformado.

rompecorazones. com. galán, conquistador.

rompedor, ra. adj. sobresaliente, exitoso.

romper. intr. terminar una relación amorosa // intr. tener éxito, sobresalir // *estar que rompe* loc. ser bueno, atractivo.

ronear. intr. presumir, lucirse.

roña. com. tacaño.

roque. *estar o quedarse roque* loc. dormirse.

rorro. m. bebé.

rosario. m. (marg.) cadena de seguridad de una puerta // *acabar como el rosario de la aurora* loc. acabar mal.

rosca. *estar pasado de rosca* loc. estar tarado, trastornado // *hacer la rosca* loc. halagar interesadamente a alguien // *no comerse una rosca* loc. no tener conquistas amorosas, no tener éxito // *pasarse de rosca* loc. sobrepasarse, excederse.

rosco. m. (est.) cero.
roscón. *Véase* rosco.
rositas. *de rositas* loc. sin pagar lo que se debe // sin colaboración, sin esfuerzo // sin medir las consecuencias.
rostro. *tener rostro* loc. ser descarado, sinvergüenza.
rubia. f. peseta // f. cerveza.
rue. f. calle.
rueda. f. (dro.) anfetamina o droga similar // *sobre ruedas* loc. bien, genial, sin esfuerzo.
rugir. intr. heder, apestar.
ruina. f. (marg.) condena de larga duración // *buscarse la ruina* loc. encontrarse en una situación negativa o perjudicial.
rula. f. (dro.) pastilla de droga sintética.
rular. intr. funcionar // intr. ir de un sitio a otro, deambular // tr. (dro.) liar un cigarrillo de hachís o marihuana.
rule. *dar un rule* loc. pasear, caminar.
rupia. f. peseta.
rutina. f. (marg.) negocio pequeño organizado en la cárcel.

S

sábana. f. papel de fumar // f. billete de mil pesetas // *pegársele las sábanas a alguien* loc. levantarse alguien más tarde de lo que debe o acostumbra.

saber. *saberlo hasta el gato* loc. conocerlo mucha gente // *sabérselo hacer* loc. valerse por sí mismo, tener recursos.

sablazo. m. precio excesivo.

sablear. tr. cobrar un precio excesivo // tr. pedir dinero.

sabueso. m. policía.

saco. m. (marg.) billete de mil pesetas // m. (marg.) prisión, cárcel // *dar por el saco* loc. fastidiar, molestar // *irse a tomar por (el) saco* loc. malograrse, estropearse // *mandar a tomar por (el) saco* loc. expresión de rechazo // *¡que te den por (el) saco!* loc. expresión de rechazo // *saco de huesos* loc. persona excesivamente delgada // *saco de mierda* loc. nalgas // *tener en el saco a alguien* loc. convencer, conquistar, conseguir.

sacudir. tr. dar una paliza, pegar // *sacudírsela* loc. masturbarse el hombre.

sado. m. sadomasoquismo.

sadomaso. *Véase* sado.

sal. *sal gorda* loc. humor grosero y picante.

salchicha. f. pene.

salero. m. desparpajo, gracia.

salido, da. adj. y s. persona excitada sexualmente // *estar más salido que el pico de una plancha* loc. persona que está muy excitada sexualmente.

salir. *salirse* loc. ser muy bueno en algo, dominar mucho un determinado tema // *salir arreando, pitando, zumbando* loc. salir precipitadamente // *salir con alguien* loc. mantener una relación sentimental // *salir por pies, por patas, por piernas* loc. irse precipitadamente.

saltar. *estar a la que salta* loc. estar susceptible, irritado // *no se lo salta un torero* loc. ser algo complicado, arriesgado, difícil.

salto. m. incidente violento en una manifestación // *a salto de mata* loc. inesperadamente, improvisadamente // *salto del tigre* loc. salto figurado que precede al coito.

samplear. tr. tomar un fragmento de una canción, modificarlo e incorporarlo a otra creación musical.

San Quintín. *armarse la de San Quintín* loc. organizar un alboroto, jaleo.

sangrar. tr. sacar dinero, explotar, hurtar.

sangre. *hacer mala sangre a alguien* loc. molestar, fastidiar // *no tener sangre en las venas* loc. no tener valor, ser cobarde // *tener mala sangre* loc. ser mala persona // *tener sangre de horchata* loc. ser débil, cobarde.

sanjoderse. *sanjoderse cayó en lunes* loc. resignarse, aguantarse.

sanseacabó. interj. expresión que indica que un asunto ya está terminado.

santa. f. mujer, esposa.

santear. tr. (marg.) proporcionar datos para que se pueda cometer un delito.

santero, ra. m. y f. (marg.) persona que proporciona información para que se pueda cometer un delito.

santiamén. *en un santiamén* loc. en poco tiempo, de forma rápida.

santísima. *hacer la santísima* loc. perjudicar, molestar, fastidiar.

santo. *dar el santo* loc. (marg.) proporcionar datos para que se pueda cometer un delito // *hacerse el santo* loc. fingir ser una buena persona // *llegar y besar el santo* loc. triunfar, conseguir algo fácilmente, sin complicaciones // *quedarse para vestir santos* loc. quedarse soltero // *ser algo mano de santo* loc. ser eficaz.

saña. f. (marg.) billetero, cartera.

sañero, ra. m. y f. (marg.) carterista.

sapo. m. persona de desagradable aspecto físico, ruin // *decir, echar sapos y culebras por la boca* loc. maldecir, decir groserías e insultos // *sapo verde* loc. (marg.) guardia civil.

saque. *tener (buen) saque* loc. comer o beber en grandes cantidades.

sarao. m. jaleo, alboroto // fiesta.

sarasa m. homosexual amanerado.

sardina f. pene.

sargento. com. persona autoritaria, dominante // *sargento semana* loc. persona autoritaria.

sartén. *tener la sartén por el mango* loc. dominar o controlar una situación.

secante. m. (dro.) dosis de ácido lisérgico (LSD).
secas. *a secas* loc. sólo.
seco, ca. *dejar seco* loc. asesinar, matar // *estar seco* loc. no tener dinero // estar sediento // estar muy delgado // estar muerto.
secreta. com. miembro de la policía secreta // f. policía secreta.
seda. *hacer seda* loc. dormir // *quedarse alguien como la seda* loc. tranquilizarse.
segundas. *con segundas* loc. con doble intención.
segurata. m. guardia de seguridad.
sello. m. (dro.) dosis de ácido lisérgico (LSD) impregnada en papel secante.
sema. f. (marg.) cicatriz, tatuaje, marca // f. (marg.) advertencia, señal // *picar sema* loc. (marg.) hacer una señal, avisar.
semar. tr. (marg.) conocer, identificar.
sembrado, da. adj. y s. ebrio, borracho // *estar sembrado* loc. tener gracia, donaire // tener éxito.
semental. m. hombre varonil, con potencia sexual.
sentada. f. acción de protesta en la que los manifestantes permanecen sentados en el suelo.
sentimentaloide. adj sentimental.
seño. f. maestra, señorita.
señora. f. (marg.) policía secreta // f. mujer, esposa.
señores. m. pl. (marg.) policía secreta.
señorita. f. maestra.
señoritingo, ga. m. y f. persona altiva, orgullosa, presuntuosa.
serete. m. ano.
servicio. m. retrete // m. (prost.) acto sexual.
servido, da. *ir alguien servido* loc. serle algo desfavorable, hacerse falsas ilusiones.
servilleta. f. (marg.) arresto, detención. // *doblar la servilleta* loc. morir.
servir. tr. (marg.) arrestar, detener // tr. (marg.) robar.
sesenta y nueve. m. práctica simultánea de realizar el sexo oral.
sesera. f. inteligencia.
seso. *levantar(se) la tapa de los sesos* loc. matar(se).
seta. f. vagina, genitales femeninos // f. (dro.) dosis de LSD.
seto, ta. adj. y s. persona sin gracia, aburrida.
seven-eleven. m. comercio que permanece abierto las 24 horas // m. juego de apuestas con dados.
sex-appeal. m. atractivo sexual.
sex shop. f. tienda de objetos sexuales.
sex-symbol. com. persona que resulta muy atractiva sexualmente.
sexi. *Véase* sexy.
sexy. adj. persona con atractivo sexual.

sidoso, sa. adj. y s. persona con sida.
siembra. f. lanzamiento de propaganda.
sietemachos. m. persona pequeña y débil // m. fanfarrón.
sietemesino, na. adj. y s. enclenque, pequeño.
sifilazo. m. sífilis, enfermedad venérea.
sifón. *hacer el sifón* loc. realizar una felación.
sinar. tr. (marg.) tener.
sinhueso. f. lengua.
sinpa. *hacer el sinpa* loc. irse sin pagar de un local.
sirena. f. transexual que conserva el pene.
sirla. f. (marg.) arma blanca, navaja // robo perpetrado con una navaja.
sirlar. tr. (marg.) robar con navaja.
sirlero, ra. m. y f. (marg.) navajero.
siroco *dar el siroco* loc. enloquecer, trastornarse // (dro.) inconsciencia producida por el excesivo consumo de droga.
skin. com. persona de ideología fascista que tiene la cabeza rapada.
skin-head. *Véase* skin.
soba. f. paliza.
sobada. *pegarse una sobada* loc. dormir.
soba(d)o, (d)a. *estar o quedarse sobado* loc. dormirse.
sobar. intr. dormir // tr. tocar, manosear.
sobeo. m. tocamiento, manoseo.
sobeta. *estar o quedarse sobeta* loc. estar o quedarse dormido.
sobón, ona. adj. y s. persona que le gusta tocar a otras.
sobre. m. cama.
sociata. com. persona con ideología del Partido Socialista.
socio, a. m. y f. amigo // m. y f. (marg.) cómplice de un delito.
soga. *estar con la soga al cuello* loc. encontrarse en una situación complicada.
sol. *sol y sombra* loc. combinado de coñac y anís // *ser alguien un sol* loc. ser encantador, buena persona.
solanas. adj. solo.
solateras. *Véase* solanas.
soleche. adj. y s. necio, bobo.
solfa. *poner algo o a alguien en solfa* loc. criticar duramente, reprender.
solo. m. café sin leche.
soltar. tr. entregar dinero // *soltar una bofetada, un guantazo, una leche* loc. golpear // *soltarse el pelo* o *soltarse la coleta* loc. comportarse libremente.
somanta. f. paliza.
sombra. f. cárcel, prisión // *dar sombra* loc. vigilar el cómplice por si es necesario avisar de un peligro al compañero // *estar a la sombra* loc. estar en prisión // *tener mala sombra* loc. ser una persona malintencionada.

sonado, da. adj. conocido, famoso // adj. impresionante, increíble // *estar sonado* loc. estar loco, trastornado.
sonanta. f. (marg.) guitarra.
soñarrera. m. ladrón que aprovecha que sus víctimas están dormidas para robarlas.
sopa. f. gasolina // *estar (como una) sopa* loc. estar borracho // *encontrar algo o a alguien hasta en la sopa* loc. encontrar a menudo a algo o a alguien // *quedarse sopa* loc. dormirse.
soplado, da. adj. y s. borracho.
soplagaitas. com. necio, tonto.
soplamocos. m. bofetada // com. persona estúpida.
soplapichas. *Véase* soplagaitas.
soplapijas. *Véase* soplagaitas.
soplapollas. *Véase* soplagaitas.
soplar. tr. quitar, robar // tr. beber // tr. delatar, confesar, informar de forma confidencial // prnl. beber // prnl. copular // *soplársela* loc. fornicar el hombre.
soplillos. m. pl. orejas.
soplo. m. delación.
soplón, ona. adj. y s. delator.
sorche. m. soldado, recluta.
sorderas. com. sordo.
sorna. m. (marg.) oro.
sornar. intr. (marg.) dormir.
soseras. adj. y s. persona insulsa, sin gracia.
sota. f. prostituta.
sotanas. m. cura.
speed. *Véase* espíd.
strip-tease. *Véase* estriptis.
suave. *poner, dejar suave* loc. golpear, dar una paliza.
subida. f. (dro.) sensación inicial de los efectos de una droga.
subidón. m. euforia, alegría // m. (dro.) sensación inicial de los efectos de una droga // *estar de subidón* loc. estar contento, eufórico // (dro.) notar el ascenso de los efectos de una droga.
subir. intr. (dro.) sentir los primeros efectos de una droga.
submarino. m. infiltrado en un grupo, espía.
sudaca. adj. y s. sudamericano.
sudar. prnl. merecer algo por el esfuerzo realizado, trabajar // *sudar la camiseta, la gota gorda* loc. esforzarse mucho, trabajar // *sudársela a alguien* loc. dar igual, ser indiferente.
sueco. *hacerse el sueco* loc. fingir no enterarse de nada, disimular, hacerse el despistado.
suela. f. (dro.) tableta grande de hachís // *no llegarle a alguien ni a la suela de los zapatos* loc. no estar al mismo nivel que alguien, ser inferior a alguien.
suerte. *tener la suerte del enano (que fue a cagar y se cagó la mano)* loc. tener mala suerte.
suertudo, da. adj. y s. persona afortunada, con suerte.
sumé. com. (marg.) modo de designar a alguien del que no se quiere decir su nombre.

sumiso, sa. m. y f. (prost.) persona que asume el papel pasivo en las relaciones sadomasoquistas.
súper. adv. genial, estupendo // m. supermercado.
supermán. m. (dro.) dosis de LSD.
stand-by. *estar en stand-by* loc. estar en espera de algo.
susto. m. factura, cuenta.

T

taba. *dar la taba* loc. molestar, fastidiar // *darle a las tabas* loc. correr // *mover las tabas* loc. bailar.
tabernáculo. m. taberna.
tabla. *estar como una tabla* loc. tener poco pecho una mujer // *tener (muchas) tablas* loc. tener experiencia, en especial ante un público.
tablón. m. borrachera.
tacha. f. colilla de un cigarrillo.
tachines. m. pl. pies // m. pl. zapatos.
taco. m. palabra considerada malsonante // m. lío, alboroto // m. pl. años de edad // m. pl. (marg.) años establecidos en una condena // *armarse un taco* loc. liarse.
tacón. m. (marg.) monedero.
taconera. f. (prost.) prostituta.
tajada. f. borrachera // *sacar tajada de algo* loc. sacar provecho, beneficiarse.
tal. f. prostituta // *el o la muy tal* loc. expresión insultante hacia alguien.
talco. m. (dro.) heroína de buena calidad.
talegada. f. gran cantidad de dinero.
talegario. m. lenguaje carcelario.
talego. m. cárcel // m. billete de mil pesetas.
taleguero, ra. m. (marg.) preso reincidente // adj. (marg.) carcelario // m. (marg.) argot carcelario.
talibán. m. persona autoritaria.
tambor. m. vientre de la mujer embarazada.
tanga. m. (marg.) cómplice de un estafador.
tangada. f. (marg.) timo, estafa, engaño.
tangar. tr. (marg.) engañar, timar.

tanguista. f. prostituta.
tanque. m. recipiente grande de bebidas alcohólicas, generalmente de cerveza.
tantas. *estar hasta las tantas* loc. estar hasta muy tarde.
tanto. *apuntarse un tanto* loc. tener un acierto o un mérito.
tapeo. *ir o salir de tapeo* loc. tomar tapas o aperitivos en bares.
tapia. m. (marg.) cómplice del ladrón // *estar sordo como una tapia* loc. estar sordo.
tapiñar. tr. (marg.) comer.
tapón. m. persona baja y gorda.
tarado, da. adj. y s. trastornado, tonto.
tarambana. com. persona alocada.
tararí. *¡tararí!, ¡tararí que te vi!* interj. expresión de negación o disconformidad // *estar tararí* loc. estar borracho o loco.
tarifar. intr. reñir, pelear.
tarra. com. (marg.) anciano.
tarro. m. cabeza // m. nalgas // *comer el tarro a alguien* loc. convencer // *comerse el tarro* loc. obsesionarse, preocuparse // *estar mal del tarro* loc. estar loco.
tartamuda. f. (marg.) metralleta.
tarugo. m. tonto, estúpido // m. comisión, soborno.
tarumba. adj. loco // *volverse tarumba* loc. enloquecer.
tarzán. m. hombre fuerte.
tasabar. tr. (marg.) asesinar, matar.
tascucio. m. taberna, bar.
tasquear. intr. frecuentar tascas.
tate. m. (dro.) hachís.
tea. f. borrachera // f. (marg.) navaja.
teatrero, ra. adj. y s. persona que le gusta exagerar y fingir.
teatro. *hacer teatro* loc. simular, fingir.
tebeo. *estar más visto que un tebeo* loc. estar muy visto.
tejo. m. moneda de cinco pesetas // *tirar los tejos* loc. flirtear, intentar tener una relación amorosa con alguien.
tela. f. dinero // adv. mucho // *tela marinera* loc. expresión que indica asombro o abundancia de algo // *¡vaya tela!* loc. expresión que indica asombro o abundancia de algo.
tele. f. televisión.
telebasura. f. programas televisivos de escasa calidad.
teleco. f. telecomunicaciones.
telediarios. *durar dos o tres telediarios* loc. durar muy poco.
teléfono. *pinchar el teléfono* loc. intervenir el teléfono.
telele. *darle a alguien un telele* loc. tener un ataque de nervios.
templado. *estar templado* loc. estar bajo los efectos de una bebida alcohólica sin llegar a estar borracho.
tener. *tenerlos bien puestos* loc. tener coraje, valentía.
teniente. *estar teniente* loc. estar sordo.

tequi(s). m. (marg.) automóvil.

tercio. m. botella de cerveza de 33 cl // *cambiar de tercio* loc. cambiar de tema.

terrado. m. cabeza.

terraza. f. cabeza.

testiculamen. m. testículos.

teta. adj. bueno, magnífico // *estar hasta las tetas* loc. estar harta // *más tiran dos tetas que dos carretas* loc. expresión que señala el poder ejercido por el atractivo femenino // *pasarlo teta* loc. pasarlo muy bien // *saber a teta* loc. saber bien.

tetamen. m. pechos de mujer.

tetazas. f. pl. pechos grandes de mujer.

tete. m. (inf.) hermano // ombligo.

tetona. adj. y s. persona con mucho pecho.

tetorras. f. pl. pechos grandes.

tiarrón, ona. m. y f. persona grande y fuerte.

tiburón. m. persona que se hace con el control de las acciones de una empresa.

tierra. f. (dro.) hachís adulterado o de mala calidad.

tieso, sa. *dejar tieso a alguien* loc. asesinar, matar // *estar tieso* loc. estar sin dinero // estar muerto // *tenerla o ponerse tiesa* loc. tener el pene en erección.

tiesto. *mear fuera del tiesto* loc. desvariar, hacer algo inapropiado // *salirse del tiesto* loc. perder la compostura habitual.

tifus. m. acceso a espectáculos de personas sin entrada.

tigre. m. retrete, servicio // *oler a tigre* loc. heder, oler mal // *salto del tigre* loc. *Véase* salto.

tigresa. f. mujer provocadora, seductora.

tila. f. (dro.) marihuana.

tilín. *hacer tilín* loc. gustar.

timbales. m. pl. testículos.

timo. *timo de la estampita. Véase* estampita.

tinglado. m. jaleo, enredo.

tintorro. m. vino tinto de escasa calidad.

tiñoso, sa. adj. y s. persona despreciable, ruin.

tío, a. m. y f. sujeto, individuo // m. y f. amigo // *no hay tu tía* loc. expresión que indica la dificultad de conseguir algo // *tío bueno o tía buena* loc. persona atractiva.

tiorra. f. lesbiana.

tiparraco, ca. m. y f. persona despreciable, malintencionada.

tipazo. m. cuerpo escultural, atractivo.

tipo, pa. m. y f. dicho despectivamente, individuo, sujeto.

tiquismiquis. com. persona remilgada, melindrosa.

tira. *la tira* loc. gran cantidad, mucho.

tirado, da. adj. sencillo, fácil // m. y f. persona indeseable, de mala vida // m. y f. persona sin recursos económicos, indigente // f. prostituta // *dejar tirado* loc. abandonar // *estar tirado* loc. ser fácil // estar agotado.

tiraduros. com. despilfarrador.
tiralevitas. com. adulador.
tirapedos. m. ano.
tirar. *estar alguien que lo tira* loc. encontrarse alguien especialmente desprendido, generoso // *ir tirando* loc. ir sobrellevando una situación.
tirarse. prnl. copular // prnl. (est.) suspender.
tirillas. com. hombre pequeño y débil, persona insignificante.
tirito. *meterse o ponerse un tirito* loc. (dro.) aspirar droga por la nariz // (dro.) inyectarse heroína.
tiro. *meterse o ponerse un tiro* loc. *Véase* tirito. // *ir o ponerse de tiros largos* loc. vestir elegantemente // *no saber alguien por dónde van los tiros* loc. no enterarse de nada // *salirle a alguien el tiro por la culata* loc. salir mal un asunto // *sentar como un tiro* loc. sentar mal.
tirón. m. robo que consiste en tirar de un bolso u otro objeto y salir corriendo.
tironero, ra. m. y f. persona que roba utilizando el procedimiento del tirón.
tirria. *tener tirria a alguien* loc. tener manía, no soportarlo.
títere. *no dejar títere con cabeza* loc. acabar con todo, criticar a todos.
titi. f. chica joven // f. prostituta.
toalla. *tirar la toalla* loc. desistir, abandonar.
toba. f. colilla de un cigarro // f. golpe.
tocársela. prnl. masturbarse.
tocata. m. tocadiscos.
tocateja. *a tocateja* loc. al contado.
tocha. f. (marg.) nariz // *meterse por la tocha* loc. esnifar alguna droga.
tocho. m. libro voluminoso.
tocino. *confundir la velocidad con el tocino* loc. confundir cosas dispares, ignorar.
tocomocho. m. (marg.) timo consistente en vender como premiado un décimo de lotería falso.
tocón, ona. adj. y s. persona que le gusta tocar a otras.
tolay. adj. y s. tonto // víctima de un delito.
tolili. adj. y s. tonto, bobo.
tomadura. *tomadura de pelo* loc. burla.
tomar. *mandar a alguien a tomar por culo o por saco* loc. expresión de rechazo.
tomate. m. lío, jaleo, alboroto // m. rotura en los calcetines o medias // m. menstruación.
tomo. m. (marg.) pelo.
tonel. m. persona obesa.
tono. *poner a tono* loc. reñir, criticar // *ponerse a tono* loc. excitarse sexualmente // emborracharse.
tontaina. adj. y s. tonto.
tontear. intr. flirtear, coquetear.
tonto, ta. *más tonto que Abundio, que hecho de encargo, que Pi-*

chote, que una mata de habas..., tonto del haba, tonto de capirote, tonto del culo, tonto del bote loc. muy tonto.

tontolaba, tontalaba. adj. y s. tonto, bobo.

tontolculo, tontalculo. *Véase* tontolaba.

tontolhigo, tontalhigo. *Véase* tontolaba.

tontolpijo, tontalpijo. *Véase* tontolaba.

toña. f. borrachera // f. golpe.

too much. *Véase* tumach.

tope. adv. muy // m. (marg.) robo realizado con una palanqueta // *a tope* adv. mucho, al máximo, bien, fenomenal // *ponerse a tope* loc. saciarse.

topero, ra. m. y f. (marg.) ladrón que roba utilizando una palanqueta.

topetazo. m. (marg.) robo con palanqueta.

topista. com. (marg.) ladrón que roba utilizando una palanqueta.

topo. m. persona miope // m. (marg.) guardia de seguridad del metro // persona infiltrada en una organización // m. (dro.) sensación placentera producida por una droga.

toque. m. aviso // golpe // (dro.) sensación placentera producida por una droga // *dar un toque* loc. avisar, llamar la atención, reñir.

toquetear. tr. acariciar, tocar, sobar.

torda. f. mujer atractiva.

torera. *saltarse algo a la torera* loc. no hacer caso de algo.

torero. m. apelativo de elogio hacia una persona // m. (prost.) cliente de una prostituta // *... que no se lo salta un torero* loc. expresión que enfatiza la importancia de algo.

tornillo. *aflojársele a alguien los tornillos* loc. actuar alocadamente, perder el juicio // *apretar a alguien los tornillos* loc. obligar o incitar a alguien a hacer algo // *beso de tornillo* loc. beso en la boca utilizando la lengua // *faltar a alguien un tornillo* loc. estar loco.

toro. *coger el toro por los cuernos* loc. afrontar directamente un problema // *pillar el toro a alguien* loc. encontrarse alguien desprevenido y sin recursos ante una situación.

torrado. m. cabeza.

torrarse. prnl. tener mucho calor.

torrija. f. borrachera // atontamiento.

torta. f. bofetada // f. borrachera // *ni torta* loc. nada.

tortazo. m. golpe, bofetada.

torti. f. lesbiana.

tortilla. f. lesbianismo // *dar la vuelta a la tortilla* loc. invertirse una situación // *volverse la tortilla* loc. invertirse una situación.

tortillera. f. lesbiana.

tortolitos. m. pl. enamorados.

toser. intr. desafiar, dominar.

tostada. *agarrarse una tostada* loc. emborracharse // *olerse la tostada* loc. sospechar.
tostadora. f. grabadora de CDs.
tostar. tr. grabar CDs.
tostarse. prnl. tener calor // prnl. emborracharse.
tostón. m. aburrimiento // *dar el tostón* loc. aburrir.
total. adj. genial, asombroso.
trabajar. prnl. conquistar, adular a alguien para conseguir un provecho // prnl. copular // tr. (dro.) adulterar una droga // intr. (marg.) robar.
trabajo. m. delito // *trabajo sucio* loc. trabajo no deseado, desagradable // *trabajo de chinos* loc. trabajo laborioso de realizar.
traca. *dar la traca* loc. incordiar, molestar // *ser de traca* loc. ser asombroso, especial.
tracatrá. interj. exclamación referida a la cópula sexual.
traer. *me la trae floja* loc. expresión de indiferencia y desprecio // *traérselas* loc. ser complicado, difícil.
trafica. com. (dro.) traficante de droga.
tragaderas. *tener tragaderas* loc. persona que aguanta todo.
tragar. tr. aguantar, acceder // prnl. creer // *no tragar a alguien* loc. no soportar, serle antipático.
trago. *echar un trago* loc. beber // *pasar un mal trago* loc. vivir una situación complicada, desagradable.
tragón, ona. adj. y s. persona que come demasiado // f. mujer promiscua.
traje. *cortar trajes* loc. criticar, murmurar // *traje de madera* loc. ataúd.
trajín. m. jaleo, alboroto.
trajinarse. prnl. copular.
tralla. f. (marg.) cadena // *meter tralla* loc. trabajar duramente.
trallazo. m. trago de una bebida alcohólica // m. (fútbol) golpe fuerte al balón.
tranca. f. borrachera // f. pene // *a trancas y barrancas* loc. de mala manera, con esfuerzo.
tranqui. adj. tranquilo.
trapichear. intr. comerciar ilegalmente en pequeñas cantidades // intr. engañar, estafar // intr. vender drogas.
trapicheo. m. negocio ilícito al por menor // m. venta de drogas.
trapo. *a todo trapo* loc. rápidamente // *poner o tratar a alguien como un trapo* loc. criticar, maltratar // *trapos sucios* loc. defectos, asuntos delicados u ocultos.
tras. m. nalgas.
trasero. m. nalgas.
trasto. m. persona inútil // objeto innecesario // m. pene // m. (marg.) pistola.
travesti. *Véase* travestido.
travestido. m. hombre que se viste y maquilla como una mujer.
trece. *seguir en sus trece* loc. no cambiar de opinión.
trempar. intr. tener el pene en erección.

tren. *a todo tren* loc. de manera lujosa // *estar como un tren* loc. ser muy atractivo // *para parar un tren* loc. haber algo en mucha cantidad.

trena. f. cárcel.

trepa. com. persona que quiere ascender profesionalmente a toda costa, arribista.

triángulo. m. relación amorosa entre tres personas.

tricornio. m. guardia civil.

trigo. *no ser trigo limpio* loc. no ser de fiar.

trilar. tr. (marg.) robar, estafar.

trilero, ra. m. y f. (marg.) timador que practica el juego de los triles.

triles. m. pl. (marg.) juego de apuestas callejero que consiste en acertar una carta de tres previamente enseñadas o en adivinar cuál de los tres cubiletes lleva oculta una bolita.

trinar. *estar alguien que trina* loc. estar muy enfadado.

trincar. tr. beber // tr. detener, arrestar // tr. matar // intr. copular.

trinque. m. bebida

trip. m. (dro.) dosis de LSD.

tripar. intr. (dro.) consumir LSD.

tripear. intr. comer con ansiedad // intr. (dro.) consumir LSD.

tripero, ra. adj. glotón.

tripi. m. (dro.) dosis de LSD.

tris. *estar en un tris de hacer algo* loc. estar a punto de hacer algo.

trochimoche. *a trochimoche* loc. en gran cantidad.

troglodita. com. persona de ideas y costumbres primitivas.

trola. f. mentira.

trolero, ra. m. y f. mentiroso.

trompa. m. borracho // f. borrachera // f. pene // f. nariz grande.

trompeta. f. (dro.) cigarrillo de hachís o marihuana de forma cónica.

trompetero, ra. adj. de forma cónica, aplicado al cigarrillo de hachís o marihuana.

tron. com. compañero, amigo.

tronado, da. adj. loco, trastornado.

tronchante. adj. gracioso, divertido.

troncharse. prnl. reírse.

troncho. m. persona poco inteligente, tonto.

tronco, ca. m. y f. compañero, amigo.

trono. m. retrete.

tronqui. *Véase* tronco.

tropecientos, tas. adj. muchos.

trote. m. (dro.) heroína // *al trote y al galope* loc. con prisas, de manera acelerada // *de mucho trote* loc. de mucho uso // *no estar para trotes* loc. estar delicado de salud.

truco. m. puñetazo, golpe.

truja. m. (marg.) cigarrillo.

trullo. m. (marg.) cárcel.

truño. m. excremento.

truqui. m. truco.

tubería. f. (dro.) vena donde se inyecta droga.
tubo. m. vaso alto y estrecho, generalmente de cerveza // m. metro, tren subterráneo // m. teléfono // m. (marg.) cárcel // *pasar por el tubo* loc. resignarse, verse obligado a aceptar algo // *por un tubo* loc. mucho, en gran cantidad.
tuercas. *apretar las tuercas* loc. obligar a alguien a hacer algo.
tuercebotas. com. persona sin recursos económicos.
tumach. (del inglés *too much*) adv. demasiado.
tumba. *a tumba abierta* loc. arriesgarse // *ser una tumba* loc. no decir nada.
tumbar. tr. matar // tr. (est.) suspender.
túnel. *hacer el túnel* loc. engañar // *pasar el túnel* loc. castigar corporalmente en la cárcel.
tupé. m. flequillo peinado hacia arriba // *tener tupé* loc. ser descarado.
turbo. *meter el turbo* loc. ir a toda velocidad.
turca. f. borrachera.
turra. *dar la turra* loc. incordiar, molestar.
turulato, ta. adj. y s. trastornado, asombrado.
tururú. interjección de negación o burla.
tute. m. trabajo, esfuerzo // *darse un tute* loc. trabajar, esforzarse.
tutiplén. *a tutiplén* loc. en gran cantidad.

U

ultra. adj. y s. persona de ideas políticas radicales.
universidad. f. (marg.) cárcel, prisión.
untar. tr. sobornar.
uña. *estar de uñas con alguien* loc. estar enojado // *sacarle las uñas a alguien* loc. amenazar.
urraca. f. (marg.) comprador de joyas robadas.
uva. *dar las uvas* loc. hacerse tarde // *de uvas a peras* loc. raramente // *mala uva* loc. mal carácter, mal humor.

V

vaca. f. persona gorda, obesa // *hacer la vaca* loc. broma consistente en agarrar a la fuerza a un muchacho para ensuciarle el glande. // *vacas flacas* loc. período de escasez // *vacas gordas* loc. tiempo de abundancia.

vacaburra. f. persona torpe.

vaciarse. prnl. eyacular.

vacila. com. bromista, guasón.

vacilar. intr. bromear, alardear.

vacile. m. burla, guasa.

vacilón, ona. adj. y s. bromista, guasón // m y f. persona adicta a la droga // m. estado eufórico producido por la droga.

vacío. *hacer el vacío a alguien* loc. no hacer caso, ignorar.

vaginera. f. (dro.) mujer que oculta droga en la vagina para traficar con ella.

vagoneta. com. vago, perezoso.

vagueras. adj. y s. perezoso.

vaina. m. persona inútil, necia // m. pene // f. cópula sexual // f. asunto // f. tontería, disparate.

vamp. *Véase* vampi.

vampi. f. vampiresa, mujer seductora.

vampiro. *ir al vampiro* loc. ir a vender sangre // *visita del vampiro* loc. realizar análisis de sangre a deportistas de manera inesperada.

vara. f. pene // *dar la vara* loc. incordiar, molestar // *ser un vara* loc. ser una persona pesada, aburrida.

vareta. *irse de vareta* loc. tener diarrea.

váter. *Véase* wáter.

vegetal. m. persona inactiva.

vegetar. intr. dormir.

vela. f. mucosidad que cuelga de la nariz // f. pene // *aguantar la vela* loc. hacer compañía a una pareja de enamorados // *dar vela a alguien en un entierro* loc. permitir a alguien que participe en algo // *andar, estar o quedarse a dos velas* loc. estar sin dinero // no comprender.

veleta. com. persona inconstante, mudable // persona que cambia constantemente de opinión.

vena. *darle a alguien la vena* loc. tomar una decisión repentina.

vená. *darle a alguien la vená* loc. tomar una decisión repentina.

vena(d)o, (d)a. adj. loco, trastornado // m. cornudo.

venir. *venirle* loc. tener un orgasmo.

ventilarse. prnl. eliminar, terminar // prnl. copular // prnl. asesinar, matar.

ventoleras. com. persona que actúa por impulsos.

ver. *estar de buen ver* loc. ser atractivo // *no ver tres en un burro* loc. ver mal // *¡... que no veas!* loc. mucho, grande // *ver doble* loc. estar borracho // *ver las estrellas* loc. doler mucho físicamente.

verde. m. guardia civil // m. billete de mil pesetas // adj.obsceno // *darse un verde* loc. acariciar a otra persona // *estar verde* loc. desconocer, no saber nada // *poner verde* loc. criticar.

verdulero, ra. adj. y s. persona vulgar, basta.

verga. f. pene.

vergajo. *Véase* verga.

vergüenza. f. pl. genitales // *ser el de la vergüenza* loc. ser la última porción que queda de una comida.

viajar. intr. (dro.) estar bajo los efectos de una droga.

viaje. m. (dro.) efecto producido por el consumo de droga // m. (marg.) navajazo // *meterse un viaje* loc. consumir droga.

vibraciones. *buenas o malas vibraciones* loc. dar buena o mala sensación alguien.

vibrador. m. sustituto artificial del pene.

vida. *buscarse la vida* loc. valerse por sí mismo, de forma independiente // *darse la gran vida, la vida padre* loc. vivir bien // *echarse a la vida* loc. prostituirse // *mala vida* loc. prostitución // *pasar a mejor vida* loc. morir.

vidilla. *dar vidilla alguien* loc. ayudar, alegrar // *tener vidilla alguien* loc. tener gracia, ser interesante.

vidorra. f. buena vida.

vidrio. m. pl. gafas // *soplar vidrio* loc. beber alcohol.

viejales. com. anciano.

viejo, ja. m. y f. padre, madre // *viejo verde* loc. persona mayor libidinosa // *viejo chocho* loc. persona mayor trastornada.

viento. *beber los vientos por alguien* loc. gustar alguien // *mandar a tomar vientos* loc. echar a alguien, despedir de mala manera.

vientre. *bajo vientre* loc. genitales // *hacer del vientre* loc. defe-

car // *tener el vientre suelto* loc. tener diarrea.
vino. *ir de vinos* loc. ir de bares // *tener mal vino* loc. tener mal carácter // tener una borrachera agresiva.
violeta. m. violador.
Virgen. *¡la Virgen!* loc. expresión de asombro // *ser (devoto) de la Virgen del puño* loc. ser tacaño // *ser un viva la Virgen* loc. ser un juerguista, un despreocupado.
virguero, ra. adj. bonito, bueno // m. y f. persona habilidosa.
virguito. adj. y s. joven, virgen.
virulé. *a la virulé* loc. dañado, en mal estado.
viruta. f. dinero.
visita. *tener visita* loc. tener la menstruación.
vista. *hacer la vista gorda* loc. fingir no saber nada para favorecer a alguien // *saltar a la vista* loc. ser evidente // *vista de águila* loc. tener buena vista, ser perspicaz.
viudo, da. adj. alimento básico, sin aderezar.
vivales. com. descarado, juerguista.
vizconde. adj. y s. bizco.
voceras. com. persona que habla muy alto // com. (marg.) delator.
volado, da. adj. trastornado // drogado.
volar. intr. marcharse // intr. (dro.) drogarse // *estar volado* loc. estar trastornado, tener prisa, estar drogado.
voltio. *darse un voltio* loc. darse una vuelta.
voluntad. f. propina.
vomitar. tr. contar, delatar.
voyer. (del francés *voyeur*) com. persona que disfruta mirando a otras personas que mantienen relaciones sexuales.
vuelo. m. estado de inconsciencia producido por drogas.
vulgaris. adj. vulgar.

W

wáter. m. retrete // *water closet* m. retrete.
web. *página web* loc. archivo que muestra una determinada información en internet.
webcam. f. cámara conectada a un ordenador con la que se pueden captar imágenes para ser transmitidas por internet.
webmáster. encargado técnico de una página web.
window open. m. (dro.) variedad de LSD.

Y

yegua. f. mujer atractiva.
yerba. *Véase* hierba.
yet. (del inglés *jet*) f. alta sociedad.
yeti. m. persona fea.
yeyé. m. pl. movimiento juvenil de los años sesenta // f. (marg.) condena carcelaria de cuatro años, dos meses y un día.
yin-yan. m. tipo de LSD que lleva impreso el signo chino del Tao.
yoe. (del inglés *joint*) m. (dro.) cigarrillo de hachís o marihuana.
yoguin. (del inglés *jogging*) *hacer yoguin* loc. correr.
yogurín, ina. m. y f. chico joven.
yogurtera. f. (marg.) coche blanco de la policía.
yoin. (del inglés *joint*) m. (dro.) cigarrillo de hachís o marihuana.
yonqui. com. (dro.) toxicómano, drogadicto.
yoya. f. golpe, bofetada.
yupi. com. ejecutivo joven.
yuyu. m. miedo // m. (dro.) síndrome de abstinencia // *dar o tener yuyu* loc. dar o tener pavor, miedo.

Z

zambomba. *tocar la zambomba* loc. masturbarse el hombre.
zampa. f. comida.
zanahoria. f. pene.
zapas. f. pl. zapatillas.
zapatiesta. f. jaleo, alboroto.
zapear. tr. pasar de un canal de televisión a otro con el mando a distancia.
zapin. (del inglés *zapping*) *hacer zapin* loc. pasar de un canal de televisión a otro con el mando a distancia.
zapping. *Véase* zapin.
zarpa. f. mano.
zeta. m. coche patrulla de la policía.
zipaio. m. en el País Vasco, término despectivo con que se denomina a la policía autónoma vasca.
zipizape. m. jaleo, alboroto, pelea.
zombi. *estar zombi* loc. estar atontado, adormilado.
zoquete. m. bobo, tonto // persona lenta en aprender.
zorra. f. prostituta // f. mujer promiscua // f. borrachera // *no tener ni zorra (idea)* loc. no saber nada.
zorro, rra. m. y f. persona sagaz, astuta // *estar hecho unos zorros* loc. estar cansado, sin fuerzas.
zorrón. m. prostituta // m. mujer promiscua.
zorrona. f. prostituta // f. mujer promiscua.
zulo. m. del euskera, escondite, agujero.
zumbado, da. adj. y s. trastornado.
zumbar. tr. golpear, pegar // tr. (marg.) robar // *ir zumbando* loc. ir rápidamente // *zumbarse* prnl. copular // *zumbársela* loc. masturbarse.
zuri. *darse el zuri* loc. marcharse, irse.

zurito. m. en el País Vasco, término para designar un vaso pequeño de vino o cerveza.
zurra. *dar una zurra* loc. pegar, dar una paliza.
zurrar. tr. pegar, golpear.
zurraspas. f. pl. excrementos.
zurre. m. paliza.

Lenguaje estándar-argot

A

abogado. bogui, picapleitos.
abofetear. aplaudir el belfo, aplaudir la cara.
aburrido. coñazo, lata, muermo, muerto, palizas, palo, peñazo, pestiño, petardo, plasta, plomífero, plomazo, plomo, rollo, rollazo, tostón.
aburrimiento. muermo, tostón.
aburrirse. aburrirse como una ostra, amuermarse, morirse de asco.
acariciar. darse el lote, hacer manitas, magrear, meter mano.
acertar. dar en el clavo.
acobardarse. abuchararse, achantarse, acojonarse, arrugarse, arrugársele a uno el ombligo, cagarse, rilarse, rajarse.
acostarse. empiltrarse, meterse en el sobre, meterse en la piltra.
admirador. fan, forofo, hincha.
adulador. abrazafarolas, chupaculos, cobero, lameculos, pelota, tiralevitas.
adular. dar betún, dar coba, dar jabón, dorar la píldora, hacer la pelota, lamer el culo, pelotear.
afeminado. amariconado, amarcionado, amariposado, marica, mariquita, parguela, rarillo. *Véase también* homosexual.
afeminarse. amaricarse, amariconarse.
aguantarse. ¡ajo y agua!, joderse, jorobarse, sanjoderse cayó en lunes.
alardear. chulear, darse aires, darse pisto, darse pote, fantasmear, fardar, tirarse el folio, tirarse el moco, vacilar.
albañil. alondra, paleta.
alboroto. *Véase* jaleo.
alegre. *Estar muy alegre*: estar más contento que unas pascuas, estar como unas castañuelas.
alienar. comer el coco, comer el tarro.

alucinación. alucine, flipe, viaje.
amante. amigo, apaño, arreglo, avío, fulano, ligue, querido, querindongo.
ambiente. rollo.
amigo. bróder, colega, colegui, compi, paisa, plas, socio, tío, tron, tronco, tronqui. *Grupo de amigos:* basca, combo, cuchipanda, panda, peña.
amor. *Hacer el amor*: *Véase* copular.
anciano. abuelo, carcamal, carroza, fósil, matusa, momia, pureta, purili, tarra, viejales.
andar. ir a golpe de alpargata, ir a golpe de calcetín, ir en el coche de San Fernando, patearse.
ano. agujero del culo, bul, ojete, ojo del culo.
antiguo. del año de la polca, del catapún, de la pera, de la nana, de Mari Castaña..., desfasado(da), retro.
años. castañas, tacos.
aparentar. dar el pego, dárselas, fardar, hacer el fantasma, ir de algo alguien, tener un ramalazo.
apelativo. macho, machote, muñeco, pibe, prenda, tío, titi, tronco.
apestar. cantar, funguelar, girar, jumear, jumelar, oler a tigre, oler a rayos, rugir.
apetecer. dar la realísima (gana), salir de la polla, de las pelotas, de los cojones, de los huevos, del coño…
aprovechado. buitre, chupóptero, gorrón, mangante.
aprovecharse. buitrear, chupar, chupar del bote, gorronear.
arisco. cardo, raspa.
arrestar. aciguatar, echar el guante, empaquetar, enchironar, entalegar, hacer la gamba, ligar, meter en el talego, meter en el trullo, pescar, servir, trincar.
asesinar. *Véase* matar.
asombrarse. alucinar, alucinar en colores, caerse de culo, flipar, quedarse bizco.
aspirar. *Aspirar droga*: empolvarse, esnifar, meterse por la tocha, meterse un tirito, meterse una línea, meterse una raya.
astuto. águila, estar hecho un gitano, lince, listo, pájaro, puto, saber latín.
asunto. cotarro, historia, lío, película, percal, rollo, vaina.
asustarse. abuchararse, acojonarse, arrugarse, cagarse, llevarse un flash, rajarse.
ataúd. caja, pijama de madera, traje de madera.
atención. ¡ojo!
atento. *Estar atento*: estar al loro.
atontado. agilipollado, alelado, aloba(d)o, cuaja(d)o, empanado, estar con la berza, estar grogui, estar zombi.
atracar. dar un golpe, dar un palo, pegar un golpe, pegar un palo.
atractivo. *Véase* guapo.
automóvil. buga, bugui, carro, cunda, lata, najador, roda, ro-

dante, tequi(s). *Automóvil en mal estado*: cacharro, cafetera. *Véase también* coche.

avaro. *Véase* tacaño.

avisar. dar el agua, dar el queo, dar un toque.

B

bala. bellota.
balón. cuero, esférico.
baño. meadero, meódromo, tigre, water.
bar. bareto, chiringuito, garito, pafeto, tascucio. *Ir de bares*: chiquitear, ir de poteo, ir de vinos, tasquear, potear.
beato. cagacirios, comehostias, meapilas, measalves, rata de sacristía.
beber. apimplarse, chatear, chiquitear, darle, echar un trago, empinar el codo, mamar, pegarle, pimplar, pispar, potear, privar, soplar, soplar vidrio, trincar.
bebida. alpiste, bebercio, chato, chisme, chupito, copichuela, pelotazo, priva, prive, trinque. *Bebida de mala calidad*: de garrafa, garrafón.
besarse. cambiar babas, darse el filete, darse el lote, darse el pico, darse la lengua, darse la paliza, darse un morreo, morrearse.
beso. morreo, muerdo, pico.
bizco. vizconde.
bobada. chorrada, chuminada, gilipollada, gilipollez, mariconada, parida, patochada, pijada, pijotada. *Hacer bobadas*: hacer el indio.
bobo. *Véase* tonto.
boca. hocico, morro(s), muy, pico, pozo.
bocadillo. bocata, flauta.
borrachera. bolinga, castaña, cebolla, cebollón, ceguerón, chispa, ciego, cogorza, colocón, coloque, coloqueta, cuelgue, curda, jiña, manga, melocotón, melopea, merluza, mierda, moco, mona, moña, pea, pedal, pedo, pelotazo, pítima, rasca, tablón, tajada, tea, toña, torrija, torta, tranca, trompa, turca, zorra. *Borrachera agresiva:* tener mal vino. *Borrachera depresiva:* llorona, cogerla llorona.
borracho. alegre, bolinga, curdela, estar cargado, estar cocido,

estar como una cepa, estar como una cuba, estar (como una) sopa, estar hecho un fudre, estar pedo, estar piripi, estar pispado, estar tararí, moco, sembrado, soplado, trompa, ver doble.

bronca. barrila. *Echar la bronca:* cantar las cuarenta. *Véase también* jaleo.

bueno. dabuten, dabuti, dacoqui, de bigote, chachi, chachipén, chanchi, chévere, chupi, cojonudo, de bandera, de cojones, de marca, de miedo, de muerte, de película, de puta madre, fetén, fenómeno, flipante, guachi, guay, guay del Paraguay, macanudo, mollar, que quita el hipo, teta, virguero.

burla. choteo, coña, quedada, recochineo, tomadura de pelo, tururú, vacile.

burlarse. cachondearse, chotearse, coñearse, estar de cachondeo, estar de coña, hacer la cama, quedarse con alguien, recochinearse, tomar el pelo, vacilar.

C

cabeza. azotea, bola, calabaza, casco, cebolla, chaveta, chima, chirimoya, chola, chota, coco, cocorota, melón, mollera, olla, pelota, perol, perola, tarro, terrado, terraza, torrado.

cadáver. fiambre. Véase *también* muerto.

caerse. darse una culada.

callarse. a chitón, achantar, achantar el mirlo, achantar la muy, callarse como putas, cerrar el buzón, cerrar el pico, cortarse, echar el cierre, echar la cremallera, meterse la lengua en el culo, no decir ni mu.

calle. ancha, licha, polvorosa, rue.

calvo. bola de billar, calvorota, cocoliso, pela(d)o.

calzoncillos. gayumbos.

cama. blanda, catre, piltra, pulguero, sobre.

camarero. barman.

caminar. ir a golpe de alpargata. *Véase también* andar.

cansado. dejar hecho polvo, derrotado, descojonado, estar hecho fosfatina, estar hecho papilla, estar hecho polvo, estar hecho puré, estar hecho una braga, estar hecho una mierda, estar hecho unos zorros, dejar kao, estar mata(d)o, estar molido, muerto.

cara. careto, filosa, jeta, morro.

carácter. leche. *Mal carácter*: humor de perros, mal café, mala hostia, mala leche, mala uva. *Tener mal carácter*: gastárselas, ser de armas tomar, tener mal vino, tener mala follá, tener malas pulgas.

cárcel. cangrí, chiquero, chirona, estaribel, hotel, jaula, maco, talego, trena, trullo, tubo, universidad. *Véase también* encarcelar.

carretera. dron, larga, polvorosa.

carterista. músico, picador, piquero, sañero.
casa. chabola, chabolo, cueva, nido, quel, queli, quelo, queo, quer.
casarse. ahorcarse, casarse de penalti, casarse por el sindicato de las prisas, dar el braguetazo, pasar por la iglesia.
cazadora. chamarra, chupa.
celda. chabolo, jaula. *Celda de aislamiento:* laboratorio. *Celda de castigo:* bodega, horno, nevera.
cementerio. barrio de los calvos, gusanera, el otro barrio.
cero. cerapio, cero patatero, rosco, roscón.
cerrar. chapar.
cerveza. birra, garimba, rubia. *Medidas de cerveza:* litrona, tercio, clara, tubo, zurito.
chaqueta. chupa, jupata.
chica. chavala, churri, gachí, guayabo, piba, titi, yogurina.
chiflado. *Véase* loco.
chismoso. maruja, marujón.
chivarse. *Véase* delatar.
chivato. boqueras, chota, chusquel, confite, perro, soplón, voceras.
cigarrillo. cilindrín, pitillo, pito, plajo, truja. *Cigarrillo de hachís o marihuana: Véase* porro.
cirujano. carnicero.
cliente. *Cliente de una prostituta*: cabrito, chorlito, putero, torero.
clítoris. pepita, pipa.
cobarde. acojona(d)o, caga(d)o, cagón, calzonazos, culeras, gallina, jiñado, rajado.
cocaína. blanca, coca, crack, farlopa, marchosa, merca, nieve, perica, perico, periquito, polvo. *Dosis de cocaína:* línea, loncha, mogra, papela, papelina, raya. *Variedades de cocaína:* base, chino, crack, espid bol, polvo de ángel, roca.
coche. buga, bugui, cacharro, carro, cunda, lata, raca, rachí.
coito. *Véase* cópula sexual.
cojo. langui, patachicle, patachula.
colilla. pava, tacha, toba. *Colilla de un cigarrillo de hachís o marihuana:* chicharra, chivato, chusta, pava.
colmo. acabose. *Ser el colmo*: ser la caraba, ser la hostia, ser la leche, ser la monda, ser la pera, ser la polla, ser la rehostia, ser la releche, ser la repanocha, ser la repera.
comer. jalar, jalufar, jamar, manducar, mover el bigote, paparse, papear, picar, pulir, tener (buen) saque, tapiñar, tripear.
comida. comi, condumio, jala, jalufo, jamada, jamancia, manduca, manduquela, papeo, pienso, pincho, piri, zampa.
compañero. *Véase.* amigo.
complicado. *Véase.* difícil.
cómplice. compi, gancho, marca, socio, tapia.
comportarse. ir de algo alguien. *Comportarse bien:* enrollarse, ir de legal.
comprar. *Comprar droga:* bajarse al moro, pillar.

comprender. aclararse, capiscar, chanar, chanelar, coscarse, diquelar, junar, pescar, pillar. *No comprender*: estar o andar a dos velas, no entender un pijo, .
comprometerse. mojarse, mojarse el culo.
condena. marrón, ruina, yeyé.
condón. *Véase* preservativo.
confesar. berrear, cantar, chivarse, derrotarse, desembuchar, escupir, irse de la muy, largar por la muy, soplar.
conformista. calzonazos, cojonazos, huevazos.
confusión. barullo. *Confusión mental:* cacao, diarrea, empanada, ensalada.
conocer. chanelar, chavar, conocer el percal, empaparse, estar en la onda, estar puesto, filar, saber de qué pie cojea alguien, semar.
conquista. *Conquista amorosa:* asunto, ligue, plan, rollo.
conquistar. *Conquistar sexualmente:* camelar, comer la oreja, ligar, tener en el saco, trabajar.
conseguir. agenciarse, cazar, ligar, llegar y besar el santo, pillar cacho, tener en el saco a alguien.
conservador. carca, comehostias, facha, pureta, retro. *Ser conservador:* estar chapado a la antigua.
cópula sexual. acto, asunto, casquete, chingada, feliciano, flete, follada, follaje, folleteo, foqui-foqui, jodienda, meneo, meteisaca, palo, polvazo, polvete, polvo, quiqui, revolcón, tracatrá, vaina.
copular. acoplarse, acostarse, beneficiarse, cabalgar, calzarse, cepillarse, chingar, consolar, dar de comer al conejo, dar un golpe de riñón, echar un caliqueño, echar un casquete, echar un clavo, echar un coco, echar un feliciano, echar un flete, echar un palo, echar un quiqui, empujar, encamarse, follar, fumarse, funcionar, hacer foqui-foqui, hacer un favor, hacérselo con alguien, hincársela a alguien, joder, limpiar el fusil, llevar al huerto, meter, meterla en caliente, mojar, mojar el bizcocho, mojar el churro, montar, pasar por la piedra, pasar por las armas, soplar, tirarse, trabajarse, trajinarse, trincar, ventilarse, zumbarse.
cotilla. *Véase* chismoso.
cotillear. marujear. *Véase también* criticar.
criticar. cortar trajes, decir o echar pestes de alguien, no dejar títere con cabeza, poner a caldo, poner a parir, poner a tono, poner en solfa, poner verde, tratar a alguien como un trapo.
cuchillo. baldeo, bardeo.
cuenta. *Ajustar cuentas*: coger por banda. *Darse cuenta*: caer, calar, coscarse, estar con la antena puesta, quedarse con la copla. *La cuenta*: la dolorosa, el susto.
cuerpo. bodi, carcasa, carrocería, chasis, esqueleto, percha.
culo. *Véase* nalgas.

cunnilinguo. bajada al pilón, comer el bacalao, comer el chocho, comer el coño, sexo oral.

cura. arajai, cucaracha, cuervo, grajo, sotanas.

cursi. litri.

D

dados. bolos.
dar. endiñar.
dedos. bastes, dátiles.
defecar. cagar, hacer caca, hacer del cuerpo, hacer del vientre, hacer las necesidades, hacer popó, irse, jiñar, lanzar o soltar el lastre, plantar la estaca, plantar un pino, poner un huevo.
defraudar. salir rana.
dejar. dar calabazas, plantar.
delatar. berrear, cantar, chivarse, chotearse, irse de la mojarra, irse de la muy, ladrar, piar, soplar, vomitar.
delator. boqueras, chivato, chota, chusquel, confite, largón, mamón, membrillo, perro, piante, soplón, voceras.
delgado. escoba, fideo, palillo, tener pocas chichas. *Estar muy delgado:* estar como un espárrago, estar en los huesos, estar hecho un palo, estar seco, quedarse en el chasis.
depresión. bajón, depre.
deprisa. *Véase* velocidad.
descaradamente. por la cara, por la jeta, por el morro.
descarado. cara, cara de cemento (armado), carota, chuleta, chulo, jeta, vivales. *Ser descarado:* echarle morro, tener cara, tener jeta, tener más cara que espalda, tener morro, tener rostro, tener tupé.
desentenderse. pasar.
desentonar. darse de bofetadas.
desistir. apearse del burro, bajarse del carro, tirar la toalla.
desnudarse. despelotarse, hacer un estriptis, ponerse en pelotas, quedarse en bolas.
desnudo. a culo pajarero, a pelo, al aire, con el culo al aire, despelotado, en bolas, en cueros, en pelota brava, en pelota picada, en pelota viva, en pelotas, en porreta, estriptis.

despedir. dar con la puerta en las narices, dar el bote, dar el boleto, dar el pasaporte, dar el pase, dar la patada, dar la patada en el culo, dar puerta, echar a patadas, irse o mandar a freír monas, mandar a paseo, mandar a tomar vientos, mandar al guano, mandar o ir a freír espárragos, poner de patitas en la calle, ¡puerta!

despistado. *Estar despistado:* estar desconectado, estar en la luna, estar en orsay, estar más perdido que un pulpo en un garaje, pisar huevos.

despreocupado. pancho, ser un viva la Virgen.

despreciable. *Persona despreciable:* bestia, cabrón, cabronazo, casposo, cerdo, comemierdas, gusano, jodido, mierdecilla, mierdoso, pajolero, piojoso, puerco, puñetero, puto, rata, tiñoso, tiparraco.

desprecio. *Expresiones de desprecio*: ¡anda!, ¡anda y que te den morcilla!, ¡anda y que te den por culo!, ¡anda y que te den por saco!, ¡anda y que te folle un pez!, ¡anda y que te zurzan!, de la puñeta, hacer cagar, ¡la gran puta!, ¡la puta!, ¡la puta de bastos!, ¡la puta de oros!, ¡la puta que te parió!, mandar al carajo, mandar o enviar a la puñeta, ¡me la trae floja!, meterse algo en el culo, ¡no te jode!, ¡nos ha jodido!, pasar por los cojones, pasarse a alguien por la entrepierna, ¡una mierda pinchada en un palo!, ¡y una mierda!

desprevenido. *Encontrar desprevenido:* pescar, pillar el toro, pillar en bragas.

desvariar. alucinar, chochear, írsele uno la bola, mear fuera del tiesto, rayarse.

desvivirse. perder el culo.

detención. caída, coloqueta, servilleta.

detener. abrazar, aciguatar, amanillar, atoligar, colocar, echar el guante, empaquetar, enchironar, entalegar, hacer la barba, hacer la gamba, ligar, meter en el trullo, pescar, servir, trincar.

detenido. *Estar detenido:* estar entre barrotes, estar entre rejas, estar colocado, llevar abrazado.

diarrea. cagalera. *Tener diarrea:* irse de vareta, irse por la pata abajo, tener el vientre suelto.

dientes. palas, piños.

difícil. chungo, comecocos, embola(d)o, jodido, puñetero, petardo. *Ser difícil:* ser duro de pelar, ser la caraba, ser un hueso, traérselas. *Tenerlo difícil:* estar apañado, estar en la cuerda floja, estar jodido, llevarlo claro, pasarlas de todos los colores, pasarlas moradas, pasarlas negras, pasarlas putas, ser un trabajo de chinos, tenerlo claro, tenerlo chungo, tenerlo crudo.

dificultad. mogollón.

dinero. bote, cartón, chavo, cifra, color, colorado, cuartos, guil, guita, jurdós, lana, mandanga, manteca, moni, mosca, panocha, panoja, parné, pasta, pasta gansa, pastón, peculio, pela, percal, perras, plata, talegada, tela, viruta. *Estar sin dinero:* dejar en bragas, dejar en calzoncillos, estar a dos velas, estar colgado, estar con una mano delante y otra detrás, estar pelado, estar pillado, estar seco, estar tieso, estar sin blanca, estar sin chapa, estar sin cinco, estar sin un chavo, estar sin un clavo, lampar, no tener dónde caerse muerto, no tener ni una perra, no tener ni para pipas, no tener un real, ser un mata(d)o, tener cuatro duros, tener cuatro perras. *Tener dinero:* estar forrado, estar montado (en el dólar), un buen pellizco.

director. dire. *Director de una prisión*: baranda, doble.

discoteca. after hour, disco.

disfrutar. correrse, disfrutar como un enano, flipar en colores, pasarlo bomba, pasarlo chachi, pasarlo chupi, pasarlo pipa, ponerse las botas.

disimular. desemar, hacer el paripé, hacerse el loco, hacerse el longuis, hacerse el sueco.

disparatar. alucinar, decir chorradas, irse de la olla, pensar con el culo, tener ideas de bombero, de casquero.

divertido. cachondo, cul, descojonante, díver, flipe, marchoso, monda, ser el disloque, tronchante.

divertirse. divertirse como un enano, echar unas risas, ir de jarana, ir de marcha, ir de parranda, ir de pingoneo, pasarlo bomba, pasarlo en grande, pasarlo pipa, pasarlo teta, pendonear, ponerse como un pepe. *Salir a divertirse:* echar una cana al aire, ir de bureo (o darse un bureo), ir de jarana, ir de marcha, ir de parranda, ir de pendoneo, ir de pingo, ir de pingoneo, pindonguear, pingonear.

documentación. los papeles, la papela, el peta.

dormir. caer redondo, clapar, echar una cabezada, estar o quedarse frito, dormir a pierna suelta, dormir como un ceporro, dormir como un lirón, dormir como un tronco, hacer seda, pegarse una sobada, planchar la oreja, quedarse filete, quedarse roque, quedarse sobado, quedarse sopa, sobar, sornar, vegetar.

droga. aceite, ácido, anfeta, canuto, china, chocolate, chute, coca, color, consuma(d)o, cortada, costo, crack, cuartelillo, doble cero, esnifada, éxtasis, farlopa, grifa, línea, manga, material, maría, merca, mercancía, mogra nieve, ñaca, papela, papelina, pasti, pastilla, pellizco, perico, petardo, pico, picotazo, pinchazo, pique, pirula, polvo, póper, porro, raya, rueda, rula, speedball, tirito, tripi. *Dejar la droga:* desengancharse, descolgarse. *Ser adicto a la droga*: estar colgado, estar enganchado, estar pillado.

drogadicto. drogata, drogota, fumeta, jincho, jonkie, junkie, pastillero, picota, porrero, vacilón, yonqui.

drogarse. alucinar, chutarse, colocarse, comer pastillas, darle al rollo, darse caña, darse un tiro, doparse, empolvarse, emporrarse, engancharse, engrifarse, esnifar, estar (o ir) a cien, estar alto, estar colocado, estar pasado, estar puesto, flasear, flipar, inyectarse, ir (o ponerse) hasta el culo, meterse, meterse caballo, meterse por la tocha, meterse un chute, meterse un pico, meterse una línea, petarse, picarse, pincharse, ponerse, ponerse a gusto, ponerse cardiaco, ponerse ciego, ponerse en órbita, ponerse hasta arriba, tener un punto, subir, viajar, volar.

E

echar. dar con la puerta en las narices, dar el boleto, dar el bote, dar el pasaporte, dar el pase, dar la patada, dar la patada en el culo, dar puerta, echar a patadas, mandar a freír espárragos, mandar a paseo, mandar a tomar vientos, poner de patitas en la calle, ¡puerta! *Véase también* despedir.
ejecutivo. yupi.
embarazada. *Dejar embarazada*: hacer una barriga. *Estar embarazada:* estar con el bombo, estar gorda, esperar la cigüeña, estar preñá, tener barriga.
embarazo. barriga, bombo, paquete, pinchazo.
emborracharse. agarrar, agarrarla, agarrarse una tostada, ahogar las penas, apimplarse, bufarse, cocerse, coger o pillar un pedo, coger o pillar una mierda, cogerla, colocarse, columpiarse, entromparse, mamarse, pillar un ciego, pillar un pedo, pillar una mierda, ponerse a tono, privarse, tostarse.
encarcelar. empapelar, enchiquerar, enchironar, entalegar, meter en chirona, meter en el talego, meter en el trullo, meter en la trena, trincar.
endosar. encalomar, endilgar, endiñar, pasar el muerto, pasar la patata caliente, pasar la pelota.
enfadado. *Estar enfadado:* estar cabreado, estar de mala hostia, estar de mala leche, estar negro, estar de mal café, estar de mala uva.
enfadarse. arrugar o torcer el morro, cabrearse, calentar, calentar los cascos, echar chispas, echar espumarajos, encabritarse, encabronarse, englobarse, estar alguien que trina, estar de mal café, estar de mala hostia, estar de morros, explotar, hinchar las narices, hinchársele a alguien los huevos, llevarse a uno los demo-

nios, mosquearse, perder los papeles, picarse, ponerse hecho un basilisco, ponerse de mala hostia, ponerse de mala leche, ponerse de morros, ponerse negro, sacar a alguien de sus casillas, sacar de quicio, rebotarse, repatear, reventar, subirse por las paredes.

enfado. cabreo, mala hostia, morro, perra, pique, rebote. *Expresiones de enfado:* ¡cago en el/la…!, ¡carajo!, ¡cojones!, ¡coño!, ¡copón!, ¿de qué vas?, ¡hay que joderse!, ¡hostia(s)!, ¡la gran puta!, ¡la hostia!, ¡la puta!, ¡la puta de bastos!, ¡la puta de oros!, ¡la puta que te parió!, ¡leñe!, ¡manda cojones!, mandar o enviar a hacer puñetas, meterse algo en el culo, ¡narices!, pollas en vinagre, ¿qué cojones...?, ¡qué leches...!, ¿qué mierda...?, ¡qué puñetas!, ¡que te den morcilla!, ¡rediós!, ¡tu madre!, ¡tu padre!, ¡una mierda pinchada en un palo!, ¡(y) una mierda!

enfermo. cascado, chungo, hecho una mierda, jodido, pachucho, para el arrastre, pocho.

engañar. burrear, camelar, dar el palo, dar el pego, dar gato por liebre, dársela con queso, farolear, guindar, hacer la cama, hacer la pirula, hacer el avión, hacer el túnel, jugar con dos barajas, jugársela, llevar al huerto, meterla, pastelera, pegársela, quedarse con alguien, tangar, trapichear. *Engañar sexualmente*: jugársela, pegársela, poner los cuernos.

engaño. bluf, camelo, cuentitis, cuento, de pasteleo, engañabobos, farol, jujana, montaje, moreno, palo, pirula, pufo, rollo, tangada.

enriquecerse. dar el pelotazo, forrarse, montarse en el dólar.

entender. aclararse, capiscar, chanar, chanelar, coger la onda, coscarse, diquelar, junar, pescar, pillar. *Entender mal:* oír por la bragueta. *Véase también* comprender.

enterarse. aclararse, aterrizar, coger la onda, coscarse, empanarse, empaparse, estar con la oreja puesta, pillar, pispar, poner la oreja, quedarse con algo. *No enterarse de nada:* hacerse el sueco, estar aut, estar empana(d)o, no enterarse de la película, no saber de qué va la fiesta, no saber por dónde van los tiros, vivir en la higuera.

equivocarse. cagarla, colarse, columpiarse, cruzársele a alguien los cables, dar un patinazo, joderla, meter el cazo, meter el remo, meter la gamba, meter la pata, no dar pie con bola, parirla, pifiarla, pringarla.

erección. *Tener una erección*: armarse, empalmarse, empinar, estar empalmado, levantársela a uno, ponerse o tenerla dura o tiesa, trempar. *Perder la erección*: arrugarse, destrempar.

error. cagada, cantada, meter la gamba o la pata, patinazo, pifia.

escaparse. *Véase* irse.

escupitajo. *Véase* gargajo.
espabilarse. buscarse la vida, montárselo, sabérselo hacer.
esposa. costilla, doña, parienta, prójima, santa, señora.
esposar. amanillar.
esposas. grillos, pulseras.
estafa. *Véase* timo.
estafador. *Véase* timador.
estafar. *Véase* timar.
estropeado. cascado, chingado, chungo, escacharrado, escachiflado, jodido.
estropearse. cargarse, cascar, chafar, escacharrarse, escogorciarse, escoñarse, hacer cisco, irse a hacer puñetas, irse a la mierda, irse a la porra, irse a tomar por (el) culo, irse a tomar por (el) saco, joderse, jorobarse.
estudiar. chapar, empollar, quemarse las pestañas, pelarse los codos, romperse los codos.
estupidez. *Véase* tontería.
estúpido. alcornoque, berzas, berzotas, besugo, canelo, capullo, carapijo, chorra, cipote, gil, gili, giliflautas, gilipichas, gilipichis, gilipollas, gilipuertas, gilitonto, inflagaitas, inflapollas, lila, lili, lirio, melón, mendrugo, merluzo, mico, mongolo, pedorro, pelanas, retrasado, soleche, soplagaitas, soplapollas, tarugo. *Véase también* tonto.
exagerar. contar batallitas, sacar de madre, tirarse el moco, tirarse faroles.
excederse. desfasar, írsele la mano, pasarse, pasarse de la raya, pasarse de rosca, pasarse un pelo, pasarse un pelín, salirse de madre.
excitado. *Estar excitado sexualmente:* estar salido. *Excitado sexualmente:* cachondo, calentón, calentorro, caliente.
excitarse. *Excitarse sexualmente:* calentarse, ponerse a cien, ponerse a tono, ponerse como una moto, ponérsela dura.
excremento. cagada, cagarruta, catalina, chonzo, jiña, mojón, mondongo, ñorda, ñórdiga, palomino(s), pino, plasta, popó, truño, zurraspas.
éxito. *Tener éxito:* estar sembrado, llevar de calle, romper. *No tener éxito:* no comerse una rosca, no vender una escoba.
extranjero. guiri.
eyaculación. corrida.
eyacular. correrse, escurrir, irse, nevar, vaciarse, venirse.

F

fácil. a huevo, chupado, mamado, mascado, tirado.
fanfarrón. chulo, fantasma, sietemachos.
fanfarronear. chulearse, fantasmear, tirarse el moco, tirarse el pegote, tirarse el pisto.
fastidiar. chinchar, chingar, dar cien patadas, el coñazo, guerra, la barrila, la lata, la murga, la paliza, la taba, la vara, morcilla, por donde amargan los pepinos, por el culo, por el saco..., gibar, hacer la faena, la pascua, la puñeta, hacer la santísima, mala sangre..., hinchar, jibar, joder, joder la marrana, jorobar, picar, pinchar, putear, repatear, reventar, tocar las pelotas, los cojones, los huevos, las narices.
fastidio. coña, gaita, jodienda, pejiguera, puñeta, putadita, puteo.
fatigado. *Véase* cansado.
felación. biberón, francés, lamida, lavado de cabeza, mamada. *Hacer una felación*: chupar, comer la polla, hacer el sifón, lamer, mamar.
feo. aborto, callo, callo malayo, caraculo, cardo, cardo borriquero, coco, engendro, feto, foca, loro, pestuzo. *Ser muy feo:* ser más feo que Carracuca, que Picio, que pegarle a un padre, ser un cazo.
figura. percha.
flaco. *Véase* delgado.
follón. *Véase* jaleo.
fracasar. caerse con todo el equipo, irse a pique, al garete..., no comerse una mierda, una rosca..., pinchar, tener un pinchazo.
francés. franchute, gabacho.
frío. gris, rasca, biruji.
fuerte. *Estar fuerte*: estar cachas, cuadrado, hecho un mulo...
funcionar. carburar, chutar, pitar, rular.
funeraria. fiambrera.

G

gafas. anchoas, lupas, vidrios. *Persona con gafas*: cuatrojos, gafudo, gafotas.
ganga. chollo.
gargajo. gapo, lapo, pollo.
gasolina. caldo, gasofa, sopa.
genio. *Mal genio: Véase* mal carácter.
genitales. entrepierna. *Genitales femeninos:* almeja, beo, chocho, conejo, coño, guardapolvos, mejillón, miche, seta. *Véase también* vagina. *Genitales masculinos:* artillería, atributos, bajos, mondongo, paquete, vergüenzas. *Véase también* pene.
gente. basca, ganado, mara, peña, personal. *Estar lleno de gente:* haber ciento y la madre, estar alicatado, estar hasta la bandera, estar hasta el culo, estar peta(d)o, no caber una alfiler. *Haber poca gente:* haber cuatro gatos.
gitano. calé, calisto, caló, calorro, lolailo.
glande. capullo.
golpe. cacharrazo, castaña, castañazo, cate, chufa, fostión, hostia, hostión, jarabe de palo, leche, leña, leñazo, maroca, pepinazo, pifostio, toba, toña, toque, tortazo, truco, yoya.
golpear. arrear, calentar, canear, cascar, currar, dar, dar caña, dar cera, dar estopa, dar jarabe de palo, dar leña, dar palos, dar para el pelo, dar un currito, dar un meneo, dar un repaso, dar una galleta, dar una hostia, dar una leche, fostiar, hostiar, inflar, marcar, meter, meter un golpe, noquear, partir la boca, partir la cara, partir los morros, poner suave, romper la cara, romper las narices, soltar un guantazo, soltar una leche, zumbar, zurrar, zurrar la badana.
gordo. amorcillado, ballena, bola de sebo, cebado, fati, foca, gorderas, gordinflas, gordinflón, to-

nel, vaca. *Estar gordo:* estar metido en carnes.

gratis. de gorra, de momio, de patilla, por la cara, por la jeta, por el morro, por la patilla.

guapo. bollicao, bollo, bombón, cuerpo serrano, guaperas, molón, resultón, sex-symbol, sexy, tipazo. *Hombre guapo*: cachas, estar de buen año, hombre de pelo en pecho, macho, machote, macizo, mazas, tarzán, tío bueno. *Mujer guapa:* chochete, chochín, chochito, jaca, maciza, monada, monumento, mujer de bandera, pibón, tía buena. *Ser guapo:* estar bueno, estar cañón, estar como para parar a un tren, estar como un camión, estar como un pan, estar como un queso, estar como un tren, estar de buen ver, estar de muerte, estar macizo, estar más bueno que el pan, estar para comérselo, estar para hacerle un favor, estar para un polvo, estar que rompe, tener un polvo.

Guardia Civil. aceitunos, cigüeño, civilón, guripa, hurí, jundó, pico, picoletos, verdes, piojo verde, pitufo, sapo verde, tricornios.

gustar. chiflar, enrollar, flipar, hacer tilín, irle a uno, irle el rollo, molar, pirrarse.

H

habilidoso. manitas.
hablador. cotorra, loro, pico de oro, rollero.
hablar. cascar, chamullar, charlotear, charrar, cotillear, dar carrete, darle a la lengua, darle a la muy, darle al pico, despachar, echar un parlao, echar una parlada, enrollarse, enrollarse como una persiana, estar de palique, hablar en cristiano, hablar en plata, hablar por los codos, irse de la boca, irse de la mojarra, liarse, naquerar, largar, liarse, pegar la hebra, piar, piquetear, puchar, puchelar, rajar.
hachís. aceite, afgano, barra, china, chinazo, chinita, choco, chocolate, congo, congoleño, costo, costo culero, ful de Estambul, gena, goma, grifa, huevo, jas, ladrillo, libanés, mandanga, manteca, marrocata, mata, miel, mierda, pedrusco, perejil, piedra, placa, polen, suela, tate, tierra, tate. *Cigarrillo de hachís:* cachimba, canelo, canu, canuto, chiri, chirri, flai, joint, mai, mail, marley, peta, petardo, porro, puerro, quiqui, trompetero, trompeta, yoe, yoin. *Colilla de cigarrillo de hachís:* chicharra, chivato, chusta, pava, tacha, toba. *Consumidor de hachís:* canutero, fumeta, grifota.
halagar. dar betún, dar coba, dar jabón, dar pomada, hacer la pelota, hacer la rosca, lamer el culo.
hambre. carpanta, gazuza, gusa, jalufa.
harto. *Estar harto*: estar hasta arriba, estar hasta el bigote, estar hasta el coño, estar hasta el culo, estar hasta el gorro, estar hasta el moño, estar hasta la coronilla, estar hasta la polla, estar hasta las narices, estar hasta las pelotas, estar hasta las tetas, estar hasta los cataplines, estar hasta los co-

jones, estar hasta los huevos, estar hasta los mismísimos, estar hasta los ovarios, hinchársele a alguien los cojones.

hermoso. *Véase* guapo.

heroína. buco, burro, caballo, chino, espid bol, jaco, jamelgo, papelina, polvo, potro, reina, talco, trote.

heroinómano. *Véase* drogadicto.

holgazanear. no dar chapa, no dar (ni) golpe, no dar palo al agua, no mover ni un dedo, no pegar ni chapa, pintar la mona, racanear, rascarse la barriga, tirarse a la bartola, tocarse el pito, tocarse la pera, tocarse las pelotas, tocarse los huevos.

holgazán. manta, pasota, perro, rácano, vagoneta.

hombre. gachó, guripa, jambo, macho, pavo, tío, tronco. *Hombre mujeriego:* calavera, pichabrava.

homosexual. amariposado, bardaje, bujarra, chochona, dante, gay, homo, hueca, jibia, jula, julandrón, loca, locaza, locona, madre, mari, marica, maricón, maricona, mariposa, mariposón, mariquita, marusa, moña, musculoca, novicia, oso, pajo, palomo, parguela, pluma, princesa, Puri, rarillo, redondo, reina, reinona, sarasa. *Actuar como un homosexual amanerado*: mariconear, tener pluma, tener un ramalazo. *Hacerse pública la condición de homosexual*: auting, outing, salir del armario. *Ser homosexual*: entender, perder aceite, ser de la acera de enfrente, ser del ambiente, ser del bando contrario, ser del otro bando, ser del ramo, ser del ramo del agua.

hurtar. afanar, aligerar, aliviar, bailar, birlar, cepillar, chorar, choricear, chorizar, currelar, datilear, desplumar, guindar, hacer, hacer el dos, levantar, limpiar, mangar, nicabar, picar, pispar, quinar, randar, sangrar. *Véase también* robar.

I

ignorante. analfabestia, cateto, cazurro, paleto. *Véase también* tonto. *Ser muy ignorante*: no saber hacer la o con un canuto.
ignorar. confundir la velocidad con el tocino, dar de lado a alguien, estar en el limbo, estar verde, hacer el vacío a alguien, no enterarse de la película, no saber un carajo, no saber de la misa la media, no saber ni papa, no saber ni un pijo, no saber ni torta, no saber por dónde van los tiros, no tener ni (puta) idea, no tener ni zorra (idea).
ilegal. pirata. *Negocio ilegal:* bisnes.
importancia. *No dar importancia:* tomar a coña, tomar por el pito de un sereno.
importante. como la copa de un pino, como una casa, de abrigo, de aquí te espero, de aúpa, de caballo, de la hostia, de la leche, de marca mayor, de no te menees, de padre y muy señor mío, de tres pares de narices, del copón, gordo, la madre del cordero, morrocotudo, que no se lame, que te cagas. *Gente importante:* capitoste, gente gorda, pez gordo, pope. *Ir a lo más importante:* ir al grano. *Poco importante:* chichinabo, de tres al cuarto.
importar. *No importar*: importar un bledo, un cuerno, un huevo, un pepino, un pijo, un pimiento, un pito, un rábano, una mierda, una puñeta..., pasar, resbalar, traérsela floja.
impresión. flash. *Dar o tener buena o mala impresión:* dar o tener buen o mal rollo.
impresionante. alucinante, bárbaro, brutal, de campeonato, de infarto, de la hostia, de la leche, de muerte, de pánico, de película, de puñetas, de tres pares de cojones, del carajo, del demonio, flipante, morrocotudo, que

te cagas, sonado. *Véase también* importante.

incauto. capullo, gili, jula, julandrón, julay, lila, pardillo, primarón, primavera, primo, pringa(d)o, tolay.

inconsciente. *Dejar inconsciente:* dejar kao.

incordiar. *Véase* fastidiar.

incuestionable. impepinable.

indeseable. *Persona indeseable:* baboso, bandarra, bestia, borde, cabrito, cabrón, cabronazo, cerdo, cernícalo, charrán, chorizo, chulángano, cochino, comemierdas, follonero, fulero, gilipollas, guarreras, guarro, hijo de perra, hijoputa, jodido, julay, liante, macarra, malnacido, malqueda, mamón, mangante, marrano, mierda, mierdecilla, mierdoso, muermo, pájaro, pedorro, pegote, pelanas, pelma, perro, petardo, piojo, puerco, puñetero, soplapollas, tirado.

individuo. andoba, chorbo, ficha, fulano, gachó, jambo, jicho, manú(s), maromo, menda, nota, pavo, perla, prenda, punto, sumé, tío, tipo.

infiel. *Ser infiel:* adornar la frente, engañar, jugársela, pegársela, poner cornamenta, poner el gorro, poner los cuernos, ponérselos. *Hombre cuya mujer le es infiel:* cabrón, ciervo, cornudo, cornúpeta.

infiltrado. topo.

influencias. *Tener buenas influencias:* estar bien agarrado, estar enchufado, tener enchufe.

informar. cantar, dar el bocinazo, el chivatazo..., desembuchar, soplar. *Véase también* delatar.

insignificante. *Persona insignificante:* don nadie, el último mono, mierda, mierdecilla, tirillas.

insólito. *Ser insólito:* ser la caraba, ser la pera, ser la repera.

insultar. acordarse de la familia de alguien, cagarse en su madre, en su padre, en sus muertos..., poner a parir.

inteligencia. entendederas, sesera.

interrumpir. cortar el rollo.

invitar. enrollarse, retratarse, tener un detalle, tirarse el rollo.

inyectarse. *Inyectarse droga en vena:* chutarse, darse caña, darse un buco, darse un chute, darse un pico, meterse, meterse un pico, picarse, pincharse, ponerse un tirito.

inyección. *inyección de droga en vena:* buco, chute, pico, picotazo, pinchazo, pique.

irse. abrirse, aligerarse, darse el bote, darse el lique, darse el piro, darse el zuri, desaparecer de escena, salir por patas, pirárselas. *Ir de bares*: chatear, ir de marcha, ir de vinos. *Ir rápido:* dar caña, ir a toda hostia, ir echando leches, ir escopeta(d)o, ir folla(d)o, ir que se mata, perder el culo, pisar el acelerador, quemar caucho, tumbar la aguja.

J

jaleo. bollo, cacao, cachondeo, cipostio, cirio, cristo, descojono, desmadre, despelote, fandango, gorigori, jarana, jari, merienda, movida, pajarraca, pitote, polca, pulla, quilombo, sarao, taco, tinglado, tomate, trajín, zapatiesta, zipizape. *Armar jaleo:* armar bronca, armar la de Dios (es Cristo), armar un cristo, armarla, armarse la de San Quintín, armarse un pitote, liarla, montar la pirula, montar un número, tener una buena.

jefe. baranda, bos, capitoste, hurón, mandamás, masca.

joven. *Persona joven*: chorbo, pibe, pollo, quillo, virguito, yogurín. *Mujer joven:* perica, titi.

juego. *Juego de apuestas*: los triles, seven-eleven.

jugador. *Jugador profesional*: burlador, trilero.

L

labios. hocico, morros.
ladrón. butronero, chirlero, chori, choricero, chorizo, choro, descuidero, espadista, guinda, guindón, jalonero, mangante, mangui, merchero, navajero, palanquero, palero, palquista, piquero, quina(d)or, quinqui, sañero, sirlero, soñarrera, topero, topista.
lejos. a tomar por el culo, donde Cristo perdió el gorro, el quinto coño, el quinto pino, en el culo del mundo, en el fin del mundo, la quinta puñeta.
lengua. húmeda, larga, mirlo, mojada, mojarra, muy, sin hueso.
lento. *Ser muy lento:* pisar huevos, ser más lento que el caballo del malo.
lesbiana. bollera, bollo, camionera, lesbi, machorra, marimacho, tiorra, torti, tortillera.
libro. *Libro voluminoso:* ladrillo, tocho.
linterna. chivata.
lío. *Véase* jaleo.
llegar. abillar, aparecer en escena, aterrizar.
llover. *Llover con intensidad:* caer chuzos de punta
loco. chalado, chaveta, china(d)o, chota, colgado, grillado, locatis, majara, majareta, mochales, pira(d)o, tarumba, tronado, vena(d)o. *Estar loco*: estar colgado, estar como un cencerro, estar como una cabra, estar como una chota, estar como una regadera, estar mal de la azotea, estar mal de la chaveta, estar mal de la olla, estar mal del coco, estar mal del tarro, estar p'allá, estar pasado, estar sonado, estar tararí, estar tocado del ala, estar zumbado, faltar un tornillo, patinar el embrague. *Volverse loco:* chalarse, grillarse, írsele a uno la bola, írsele a uno la olla.
locuaz. pico de oro. *Ser muy locuaz*: hablar como un papagayo, hablar por los codos.

M

madre. bata, matu, vieja.

maldecir. acordarse de alguien, cagarse en la estampa de alguien, decir o echar pestes de alguien, jurar en arameo, jurar en latín.

malgastar. *Malgastar dinero:* cepillarse, fundirse, patearse.

malintencionado. *Acción malintencionada:* cabronada, cerdada, cochinada, golpe bajo, guarrada, hijoputada, judiada, marranada, puñalada, puñalada trapera, putada.

manifestación. mani, manifa.

mano. garra, loma, pezuña, zarpa. *Dar la mano:* chocarla, chocar esos cinco. *Mano izquierda:* chunga.

marcharse. abrirse, ahuecar, ahuecar el ala, aligerarse, darse el bote, darse el lique, darse el pire, darse el piro, darse el queo, darse el zuri, desaparecer de escena, guillarse, largarse, najarse, perderse, salir por patas, pirárselas, volar.

marihuana. alfalfa, colombiana, ganja, gloria, grifa, hierba, mata, mari, maría, perejil, rama, tila. *Véase también* droga.

masoquista. masoca.

masturbación. alemanita, cubana, gallarda, gayola, macoca, manola, manual, manuela, paja, pajote, pera.

masturbador. pajero, pajillero.

masturbarse. cascársela, frotársela, hacerse la puñeta, hacerse una alemanita, hacerse una española, hacerse una gayola, hacerse una manuela, hacerse una paja, hacerse una pera, machacársela, matarse a pajas, meneársela, meterse el dedo, ordeñar, pelársela, sacudírsela, tocar la campana, tocar la zambomba, tocársela, zumbársela.

matar. achicharrar, apiolar, asar, atasabar, borrar del mapa, cargarse, cepillarse, dar el pasaporte, dar matarile, dar mulé, dejar como un colador, dejar seco, dejar tieso, despachar, eliminar, freír, levantar la tapa de los sesos, liquidar, llevarse por delante, mandar al otro barrio, mulabar, mullar, pelar, picar, tasabar, trincar, tumbar, ventilarse.

matemáticas. mates, matracas.

médico. jarabe, matasanos.

mensajero. mensaca.

menstruación. la tía Pepa, mes, tomate. *Tener la menstruación:* estar con la cosa, estar mala, tener visita.

mentira. bola, cuento, cuento chino, farol, gallofa, historia, jujana, milonga, película, renuncio, rollo, rollo macabeo, rollo patatero, trola.

mentiroso. bolero, fulero, peliculero, trolero. *Ser mentiroso:* tener más cuento que Calleja.

menudencia. *Véase* tontería.

miedo. acojonamiento, acojone, acojono, cagalera, cague, caguetis, canguelo, jinda, jindama, jiña, mieditis, mieditis aguda, yuyu. *Tener miedo:* acojonarse, cagarse (de miedo), jiñarse, mearse, mearse de miedo, poner los pelos de punta, ponérsele los cojones de corbata, rilarse, tener yuyu, tenerlos por corbata.

miedoso. caguetas, gallina, jiña(d)o, miedica, mierdica.

militar. militroncho.

miope. cegato, topo. *Ser miope:* no ver tres en un burro.

mirar. clisar, comprar, dicar, diquelar, echar los faros, filar, guipar, jipiar, junar, junelar, pipear. *Mirar insistentemente*: no quitar ojo, quedarse con alguien, quedarse pegado.

mocos. albondiguillas, pelotillas, velas.

molestar. buscar las pulgas, chinchar, chingar, comer la cabeza, dar cien patadas, dar guerra, dar el coñazo, dar la barrila, dar la brasa, dar la coña, dar la murga, dar la paliza, dar la taba, dar la traca, dar la turra, dar la vara, dar morcilla, dar por el culo, dar por el saco, follar, gibar, hacer la cusca, hacer la pascua, hacer la puñeta, hacer la santísima, hacer mala sangre, hinchar, hinchar las narices, jeringar, jibar, joder, joder la marrana, jorobar, machacar, merengar, piarlas, picar, pinchar, putear, repatear, torcer el morro, tocar las narices, tocar las pelotas, tocar los cojones, tocar los huevos.

monedas. chatarra, metralla, morralla.

morir. cascar, cascarla, desaparecer de escena, diñarla, doblar la servilleta, doblarla, espicharla, estirar la pata, hincar el pico, hincarla, irse, irse al otro barrio, liar los bártulos, palmarla, pasar a mejor vida, pifiarla, pringarla, quedarse como un pajarito, quedarse en el sitio, quedarse frío, quedarse frito, quedarse tieso.

motocicleta. burra, cabra.

mucho. a barullo, a punta pala, a tope, cantidad, cantidubi, horrores, la biblia en verso, la hostia, mazo, mogollón, por un tubo, tela, tela marinera, un cojón, un huevo, un montón, una burrada.

muerte. el otro barrio, la pelona.

muerto. fiambre, marado, mullado. *Estar muerto:* criar malvas, criar margaritas, estar frito, estar más seco que la mojama, estar palmera, estar seco, estar tieso.

mujer. chocho, gachí, ja, jaca, jai, jamba, jicha, parienta, pava, perica, prójima, santa, señora, torda, tía. *Véase también* chica. *Mujer promiscua*: buscona, calentorra, calientapollas, chocholoco, chupapollas, comehombres, cualquiera, golfa, guarra, leona, ligera de cascos, loba, mujer fácil, mujer fatal, pelandusca, pelleja, pendón, pendón desorejado, pendón verbenero, pingo, puta, putilla, putón, putorra, tigresa, tragona, vampi, zorra, zorrón, zorrona.

mujeriego. calavera, ligón, pendón, pichabrava, putero.

multa. paquete, puro, receta.

multar. calcar, empaquetar, emplumar, empurar, extender la receta, meter un paquete, meter un puro.

murmurar. cortar trajes. *Véase también* criticar.

N

nada. nasti, nasti de plasti, nen de nen, ni gorda, ni hostia(s), ni mu, ni papa, ni torta, ni un pelo, ni zorra.

nadie. ni Cristo, ni Dios, ni un alma.

nalgas. bul, calicatas, culamen, culete, culín, culo, jebe, nalgamen, nalgatorio, pandero, pompis, popa, popó, retaguardia, saco de mierda, tarro, tirapedos, tras, trasero.

nariz. napia(s), narigo, narizotas, narpia(s), picota, tocha, trompa.

navaja. cheira, chirla, chori, churi, corte, mojada, pincho, sirla, tea.

navajero. chirlero, sirlero.

necio. *Véase* tonto.

negación. caca de la vaca, ¡de eso nada, monada!, ¡leches!, nanay, naranjas de la China, nasti, ni de coña, ni flores, ni hablar del peluquín, ni loco, ni pa' Dios, nones, ¡tararí!, ¡tararí que te vi!, tururú, ¡una mierda pinchada en un palo!, ¡ y un huevo!, ¡y un jamón!, ¡y una leche!, ¡(y) una mierda!, ¡y una polla (como una olla)!, ¡y un rábano!

nervioso. atacado, espídico, hecho un flan. *Estar nervioso:* acelerarse, estar o ir a cien, estar como una moto, ponerse cardiaco.

neurótico. neuras.

niño. chaval, chavea, chinorri, churumbel, enano, jaimito, lacorro, mico, microbio, mocoso, ñarra, peque, pitufo, renacuajo, retaco, rifo.

no. *Véase* negación.

notar. *Véase* enterarse.

nunca. *Véase* negación.

O

obeso. *Véase* gordo.
obligatoriamente. por cojones, por huevos, por narices.
observar. *Véase* mirar.
obsesionarse. coger una perra, comer el coco, comerse el tarro, emparaionarse, encebollarse, montarse una película.
ocultamente. de extranjis.
oficinista. cagatintas, chupatintas.
ojos. acáis, clisos, faros. *Ojo dañado:* ojo a la funerala, ojo a la virulé. *Ojos de víctima:* ojos de cordero degollado.
oler. *oler mal:* atufar, cantar, jumear, rugir, oler a tigre, oler a rayos.
orejas. antenas, soplillos.
orgasmo. corrida. *Tener un orgasmo:* correrse, irse, venirle. *Véase también* eyacular.
orinar. cambiar el agua a las aceitunas, cambiar el agua a las castañas, a las olivas, a los garbanzos, al canario, al jilguero, cambiar el caldo a los garbanzos, echar una caña, echar un meo, hacer pipí, hacer pis, mear.

P

paciencia. *Tener paciencia:* aguantar mecha. *Perder la paciencia:* fundírsele los plomos, sacar de madre. *Véase también* harto.
padre. bato, papuchi, viejo.
pagar. aflojar, aforar, escurrir, estirarse, retratarse, soltar la pasta. *Irse sin pagar:* hacer un sinpa, irse de rositas.
paisano. paisa.
palabra. *Palabra malsonante:* palabro, taco.
paleto. cateto, cazurro, garrulo, palurdo, ignorante. *Véase también* tonto.
paliza. curre, curro, soba, somanta, zurra, zurre. *Véase* pegar.
paracaidista. paraca.
pasear. campanearse, dar un clareo, dar un rule, dar un voltio, darle a la alpargata, darse un bureo, ir de bureo, rular.
pastillas. *Pastillas de droga sintética:* ácido, ajo, estrella, éxtasis, lenteja, pasti, pirula, rueda, rula, superman, tripi. *Tomar pastillas de droga sintética*: comerse un ácido, comerse un ajo, empastillarse, tripar, tripear.
pechos. aldabas, anginas, cántaros, delantera, domingas, escaparate, globos, limones, mamellas, melones, mostrador, pechuga, peras, pitones, tetas, tetamen, tetazas, tetona, tetorras.
peer. rilarse.
pegar. arrear, calentar, canear, cascar, currar, dar caña, dar cera, dar leña, dar un meneo, dar un repaso, dar una leche, dar una zurra, endiñar, fostiar, hostiar, marcar, partir o romper la cara, pegar una hostia, repartir estopa, sacudir, zumbar, zurrar. *Véase también* golpear.
pelea. movida, pelotera, porcata, zipizape.
pelear. armarse un cacao, armarse una bronca, armarse una

buena, darse de hostias, llegar a las manos, partirse la cara, tarifar, tener pelotera.

película. peli.

peligro. *Avisar de un peligro*: dar el agua, dar el queo, dar la pañí, dar sombra.

pelirrojo. panocha.

pendenciero. borroka, broncas, folloneros, gallito, macarra, macoqui, malaje.

pene. aparato, arma, asunto, badajo, berenjena, bicho, bolo, butifarra, calvo, canario, carajo, chirimbolo, chisme, chorizo, chorra, churro, chuzo, cilindrín, cimbel, cipote, cirio, cola, coleta, colgajo, colita, estaca, flauta, haba, herramienta, el hermano pequeño, instrumento, lapicero, longaniza, mandanga, mango, manguera, manubrio, minga, minina, morcilla, nabo, pajarito, pájaro, palo, pepino, pera, picha, pija, pijo, pilila, pinga, pingajo, pipí, pirula, pirulí, pirulina, pistola, pito, pizarrín, plátano, polla, porra, quilé, rabo, salchicha, sardina, tranca, trasto, trompa, vaina, vara, vela, verga, vergajo, zanahoria.

pensar. carburar, comerse el tarro, darle vueltas al coco, estropearse las meninges, estrujarse el melón, romperse el cráneo.

perder. *Perder dinero en el juego:* palmar, pringar.

perezoso. *Véase* vago.

periódico. papel, perico.

perro. chucho, chusquel.

pesado. *Véase* aburrido.

peseta. cala, calandria, cuca, libra, pela, perra, piastra, púa, rubia, rupia. *Moneda de cinco pesetas:* pavo, tejo. *Billete de mil pesetas:* sábana, saco, talego, verde. *Un millón de pesetas:* un kilo.

pesimista. agonías, cenizo.

pierna. biela, gamba, pata, penca.

pies. pezuñas, pinreles, quesos, tachines.

pipa. arguila, narguila, narguile.

pistola. cacharra, cacharro, chata, fusca, pipa, pistolo, pusca, trasto.

pobre. *Véase* dinero: *estar sin dinero.*

poco. pelín, por los pelos.

policía. baranda, bofia, chacurra, chapa, espeta, estupa, goma, gris, guindilla, guri, guripa, leño, macaco, madaleno, la madam, la madera, madero, marrón, mono, motoro, munipa, pasma, periquito, perro, pestaña, pestañí, pitufo, plasta, poli, polizonte, romano, sabueso, la secreta, señora, señores. *Policia militar*: calimero.

porro. *Véase* cigarrillo: *cigarrillo de hachís* o marihuana.

portera. leona.

preñar. *Véase* embarazar.

preocuparse. comerse el coco, comerse el tarro. *Véase también* obsesionarse. *No preocuparse:* pasar.

preservativo. calcetín, casco, chubasquero, condón, forro, funda, gabardina, globo, goma, impermeable, paraguas.

preso. caballista, gavetero, machaca, mucama, quíe, taleguero.
presumir. chulear, darse aires, darse humos, darse pisto, darse pote, fantasmear, fardar, farolear, hacer el fantasma, niquelar, petardear, ronear, tirarse el folio, tirarse el moco, tirarse el pegote, tirarse un rollo, vacilar.
prisión. *Véase* cárcel.
profesor. profe.
progresista. progre.
proletario. proleta.
propina. bote, voluntad.
prostíbulo. casa de citas, casa de fulanas, casa de mal vivir, casa de mala nota, casa de masajes, casa de putas, casa de relax, casa de señoras, casa pública, lechería, lumidero, meblé, puti, putíbulo, puticlub, putiferio, quilombo.
prostitución. alterne, fulaneo, mala vida, negocio de la carne, oficio más viejo del mundo, puteo, puterío.
prostituirse. alternar, chulear, echarse a la vida, hacer chapas, hacer la calle, hacer la carrera.
prostituta. ama, burraca, buscona, chai, cisne, cualquiera, elementa, esquinera, fulana, furcia, golfa, horizontal, hurona, jinetera, lea, loba, lumi, lumiasca, máquina, marca, mujer de la calle, mujer de mala vida, mujer de vida alegre, mujer pública, niña, pajillera, pelanduscа, pelleja, pellejo, penca, pendón, perica, perra, piculina, pindonga, pilingui, prosti, protegida, pupila, puta, puti, putón, putón desorejado, putón verbenero, putona, putorra, sota, taconera, tal, tanguista tirada, titi, zorra, zorrón, zorrona. *Cliente de una prostituta: Véase* cliente.
prostituto. chapero, puto.
proxeneta. chulángano, chulo (de) putas, hombre, maca, macaco, macarra, macarrón, macró, palero.
puntual. como un clavo.
puñetazo. castaña, fostión, hostia, hostión, leche, leñazo, meco, truco.

Q

quedarse. *Quedarse en un sitio sin intención de moverse:* apalancarse.

quejarse. llorar, piarlas.

quejicoso. llorica, quejica.

querer. camelar. *Querer hacer algo:* dar la realísima (gana), salir de la polla, salir de las narices, salir de las pelotas, salir de los cojones, salir de los huevos, salir de los ovarios, salir del cipote, salir del coño, salir del pijo. *No querer hacer algo:* no estar por la labor.

R

radiocasete. loro.
rápidamente. a toda caña, a toda hostia, a toda leche, a toda mecha, a toda pastilla, a todo gas, a todo meter, a todo trapo, cagando hostias, cagando leches, de najas, echando leches, en menos que canta un gallo, en un santiamén, pitando, zumbando.
rápido. *Irse rápido:* cagando leches, darse aire, ir follado, poner pies en polvorosa, salir escopetado, salir por patas, salir por piernas, salir pitando.
reaccionario. *Véase* conservador.
recelar. estar mosca, mosquearse.
reírse. chotearse, descojonarse, escogorciarse, hacerse unas risas, mearse (de la risa), mondarse, morirse de risa, partirse, partirse de risa, partirse el culo, partirse el pecho, partirse la polla, troncharse.
reloj. pajató, peluco.
remedio. *No haber más remedio:* no haber más cáscaras, no haber más cojones, no haber más huevos, no haber más narices, no tener más huevos.
reñir. cantar la gallina, cantar las cuarenta, dar para el pelo, dar un repaso, dar un toque, echar los perros, leer la cartilla, montar un cirio, pagarla con alguien, poner a caldo, poner a parir, poner a tono, poner suave, poner verde, tarifar.
reprimido. *Reprimido sexual:* estrecho.
rico. *Ser rico:* estar forrado, estar montado en el dólar, tener una pasta (gansa).
robar. afanar, agenciar, aligerar, aliviar, bailar, birlar, cepillar, chirlar, chorar, choricear, chorizar, churimangar, currar, currelar, dar el palo, dar el golpe, datilear, desplumar, destripar, guindar, hacer,

hacer el dos, levantar, limpiar, mangar, mangonear, meter el pico, nicabar, picar, pispar, quinar, randar, servir, sirlar, soplar, trabajar, trilar, zumbar.

robo. birle, curre, encalomo, golpe, guinde, jalón, palanquetazo, palo, paso, sirla, tirón, tope, topetazo.

romper. cargarse, cascar, chafar, escoñar, escogorciar, joder, jorobar, petar, reventar.

ruborizarse. ponerse (rojo) como un tomate.

S

saber. chanar, chanelar, estar en la onda, estar puesto. *No saber:* confundir la velocidad con el tocino, estar en el limbo, estar pez, estar verde, no enterarse de la película, no saber de la misa la media, no saber de qué va la fiesta, no saber hacer la o con un canuto, no saber ni jota, no saber ni papa, no saber ni torta, no saber ni un pijo, no saber por dónde van los tiros, no saber un carajo, no tener ni (puta, zorra) idea. *Saber de memoria:* saber al dedillo.
sacerdote. *Véase* cura.
saciarse. ponerse a tope, ponerse como un Pepe, ponerse como un Quico, ponerse hasta el culo, ponerse hasta el gorro, ponerse las botas, ponerse morado, salir por las orejas.
sadomasoquismo. sado, sadomaso.
sanción. *Véase* multa.
sancionar. *Véase* multar.
sangre. arate.
satisfacción. gozada.
sed. *Tener sed:* estar seco.
semen. lechada, leche, lefa, mascada, pus.
serio. cara de palo. *Ser serio:* ser un palo. *No tomar en serio:* tomar por el pito de un sereno.
servil. arrastrado, lameculos, pelota, pelotilla. *Véase también* adulador.
síndrome. *Síndrome de abstinencia de una droga:* gorila, mono, monqui, pavo, yuyu.
sinvergüenza. cabrón, cara, chulo, fresco, golferas, golfo, jeta, morrazos. *Véase también* despreciable: *Persona despreciable. Ser un sinvergüenza:* tener más cara que espalda, tener morro, tener rostro.
sobaco. alerón.
soborno. astilla, bacalada, mordida, tarugo.
sobresaliente. rompedor.

sobresalir. llevarse la palma, romper. *Véase también* éxito: *Tener éxito.*
sodomizar. cabalgar, dar por donde amargan los pepinos, dar por el culo, dar por el saco, encular, poner un rabo, poner una vara, porculizar.
sol. Lorenzo.
soldado. abuelo, militroncho, peluso, pistolo, sorche.
solo. colgado, solateras, solanas.
sopor. muermo, tostón.
sordo. sorderas, tapia, teniente. *Estar sordo:* estar sordo como una tapia, estar teniente.
sorprender. *Véase* asombrarse. *Sorprender desprevenido:* cazar, pillar de marrón, pillar en bragas, pillar meando.
suciedad. cochinada, marranada. *Suciedad en la ropa:* lámpara, palomino.
sucio. cerdo, cernícalo, cochino, marrano. *Ir sucio*: ir hecho un adán, ir hecho un cerdo, ir hecho un gitano.
suerte. bola, chamba, chiripa, chorra, moco, potra. *Tener buena suerte:* nacer con estrella, nacer de pie, tener chorra, tener potra. *Tener mala suerte:* crecer los enanos, estar gafado, gafar, ir de cráneo, levantarse con el pie izquierdo, mear torcido, nacer de culo, ser un cenizo, tener la negra, tener el cenizo, tener la suerte del enano, tener mal fario, tener mala sombra, tener mala pata.
suspender. *Suspender en los exámenes:* cargarse, catear, cepillar, colgar, dar calabazas, tirarse, tumbar.

T

tacaño. agarrado, judío, pesetas, pesetero, raca, rácano, rata, roña. *Ser tacaño:* no dar ni la hora, racanear, ser (devoto) de la virgen del puño, ser más agarrado que un chotis.
taxista. pesetas, pesetero.
teléfono. aparato, canuto, tubo. *Intervenir el teléfono:* pincharlo.
televisión. caja tonta, pequeña pantalla, tele.
testículos. aceitunas, atributos, bemoles, bolamen, bolas, bolsa, botones, canicas, cataplines, cojines, cojinetes, cojonamen, cojonera, cojones, criadillas, dos, güitos, huevada, huevamen, huevazos, huevos, mondongo, paquete, pelés, pelotamen, pelotas, perendengues, testiculamen, timbales.
tetas. *Véase* pechos.
timador. fulero, larguero, nazareno, trilero.
timar. burrear, dar gato por liebre, dar un palo, desplumar, hacer el avión, hacer la pirula, llevar al huerto, pastelear, pegar un palo, tangar, trapichear, trilar.
tímido. cortado.
timo. palo, pirula, tangada, timo de la estampita, timo del tocomocho, los pastos, los triles.
tocadiscos. tocata.
tocar. aprovecharse, darse la paliza, darse el banquete, darse el filete, darse el lote, hacer manitas, magrear, meter mano, parchear, sobar, toquetear.
tontería. chorrada, chuminada, cojonada, fantasmada, gilipollez, huevada, mariconada, parida, pendejada, pijada, pijotada, pijotería, puñetas, vaina.
tonto. adoquín, alcornoque, berzas, berzotas, besugo, bobales, burro, cabeza de chorlito, capullo, carapijo, cateto, cenutrio, ceporro, ciruelo, cocoliso, gili, gilipichi, gilipollas, gilipuertas, gilitonto, huevón, lechuzo, lila, lili, lirio, loldo,

melón, membrillo, merluzo, mico, mongolo, palomo, pardillo, perantón, percebe, primo, retrasado, soplagaitas, soplapichas, soplapijas, soplapollas, tarugo, tolay, tolili, tontaina, tontarra, tonto de los cojones, tonto de los huevos, tonto del bote, tonto del higo, tontolaba, tontolculo, tontolhigo, tontolpijo, zoquete.

torpe. adobe, adoquín, burro, cabeza de chorlito, cazurro, cenutrio, cipote, maleta, mongolo, negado, oligo, pato marea(d)o, patoso, percebe, vacaburra. *Ser torpe:* no saber hacer la o con un canuto, parecer un pato mareado, no tener dos dedos de frente, tener manos de cazo.

trabajador. currante, currito, hormiga.

trabajar. arrimar el hombro, currar, currelar, dar el callo, darse la paliza, darse un tute, descornarse, fatigar, hincarla, meter tralla, mover o partirse el culo, partirse el pecho, pencar, pringar, romperse los cuernos, sudar la camiseta, tirar del carro.

trabajo. curre, currelo, curro, tute.

traficante. *Traficante de drogas:* camello, díler, narco, púcher, trafica.

tranquilo. cordero, huevón, tranqui. *Estar tranquilo:* quedarse (tan) pancho.

turista. guiri.

V

vagina. agujero, almeja, amapola, asunto, bacalao, beo, bollo, breva, castaña, chichi, chirimbolo, chirla, chirri, chisme, chochete, chochín, chochito, chocho, chumino, concha, conejo, coño, cosa, felpudo, guardapolvos, higo, marisco, mejillón, miche, ñoca, papo, parrús, pepe, potorro, raja, seta.
vago. manta, pasota, perro, rácano, vagoneta, vagueras.
Ser muy vago: ser más vago que la chaqueta de un guardia.
vaguear. *Véase* holgazanear.
valiente. echa(d)o pa(ra) (de)lante, flamenco, machote. *Ser valiente:* tener bemoles, tener bigotes, tener cojones, tener (un par de) huevos, tener pelotas, tener los cojones bien puestos, tenerlos bien puestos, tenerlos cuadrados.
váter. *Véase* baño.
vehículo. buga, bugui, cacharro, carro, cunda, lata, raca, rachí.
velocidad. *A toda velocidad:* a cien por hora, a toda caña, a toda hostia, a toda leche, a toda pastilla, a todo gas, a todo meter, a todo trapo, cagando hostias, cagando leches, echando leches, pitando, zumbando.
ventosidad. aire, bufa, cuesco.
vergüenza. lacha.
vestido. *Ir bien vestido:* emperifollarse, ir alicatado, ir chulo, ir de punta en blanco, ir de tiros largos, maquearse.
víctima. jula, julay, lila, lirio, notario, palomo, pardillo, primavera, primo, pringao, tolay.
viejo. *Véase* anciano.
vino. mol, mollate, tintorro. *Vaso de vino*: chato.
virgen. virguito.
vitalidad. marcha, vidilla.
vivir. *Vivir muy bien:* vivir como Dios, vivir como un cura, vivir

como un pachá, vivir como un rey, darse la gran vida, darse la vida padre, montárselo. *Vivir sin trabajar:* vivir de gorra, vivir del cuento.

vomitar. cambiar la peseta, devolver la mascada, echar la papa, echar la papilla, echar la pava, echar la pota, echar la raba, echar las gachas, potar.

vómito. papa, papilla, pava, pota, raba.

vulva. *Véase* vagina.

Y

yo. el chache, el menda, el menda lerenda.

Z

zapatilla. bamba.

zapatos. calcos, tachines.

José Luis García Remiro

¿Qué queremo decir cuando decimos...?

Frases y dichos del lenguaje diari

BT 8113

¿Quién no se ha preguntado alguna vez por el significado exacto o el origen de expresiones como «pasar por las horcas caudinas», «hacer un brindis al sol», «a la ocasión la pintan calva», «pasar una noche toledana», «hacer novillos» o actuar «por si las moscas»? Con el apoyo de abundantes fuentes tanto literarias como eruditas, JOSÉ LUIS GARCÍA REMIRO reconstruye en ¿QUÉ QUEREMOS DECIR CUANDO DECIMOS...? el contexto cultural y la historia, hoy olvidada, desdibujada o deformada, de estas FRASES Y DICHOS DEL LENGUAJE DIARIO que han servido desde tiempos remotos para resumir, en su breve formulación, experiencias y comportamientos humanos o se han aplicado a situaciones variadas y complejas. Satisfacer la curiosidad del lector y el hablante, así como darle seguridad, son los dos objetivos prioritarios de esta obra.

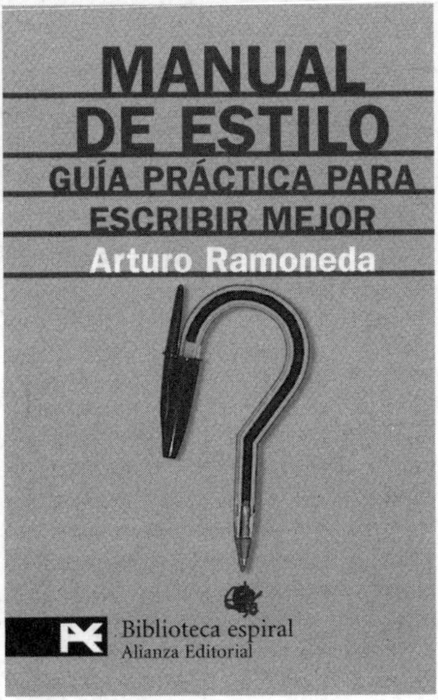

Arturo Ramoneda

Manual de estilo

Guía práctica para escribir mejor

BE 1601

Este MANUAL DE ESTILO permite solucionar las dudas ortográficas, morfológicas y sintácticas que se plantean con frecuencia al escribir. En las dos primeras partes se han sintetizado los problemas comunes a los signos de puntuación, las letras mayúsculas, las diferentes consonantes y las partes de la oración. Los apéndices que figuran a continuación incluyen los vocablos que hoy se suelen emplear erróneamente, términos latinos, extranjerismos –con los significados que se han impuesto en nuestra lengua–, siglas, abreviaturas y gentilicios, mientras que en las recomendaciones finales se previene contra expresiones tópicas o forzadas de las que muchas veces se abusa.
Cierra el volumen un índice exhaustivo que facilita la localización inmediata en el texto de la respuesta a las dudas más habituales.